SORGENBOY

VERGISS DEINE
SORGEN.
NIMM MEINE.

LAPPAN

Dieses Buch ist für alle, die in den
Widmungen immer vergessen werden.

VORWORT

WENN MIR JEMAND fünf Kilogramm pures Gold schenken würde, wäre meine erste Reaktion: „Das ist verdammt schwer, allein bei dem Gedanken daran, das Gold hochzuheben, springt mir bestimmt mindestens eine Bandscheibe raus."

Das beschreibt mich eigentlich ganz gut.

Mich gibt es seit 2007.

Angefangen hat alles damit, dass ich aus meinem Job geflogen bin und mir deswegen viele Sorgen gemacht habe. Daraus ist ein kleines Street-Art-Projekt mit meinem Kumpel Matt geworden.

Am ersten Tag, als wir in Hamburg schlecht gezeichnete, auf Zettel kopierte und ausgeschnittene Sorgen an Wände gekleistert haben, kam sofort die Polizei, hat uns verwarnt und unsere Sorgen einkassiert. Als Beweismittel.

Matt ist irgendwann ausgestiegen, ich habe immer weitergemacht. Habe mir Sorgen ausgedacht, sie zu Papier gebracht, sie ausgeschnitten und an Wände geklebt. Irgendwann bin ich ins Internet gegangen, wo ich immer noch ziemlich aktiv bin.

Ich wurde an Unis eingeladen, wo ich Leuten erzählt habe, was sorgenvolle Kommunikation anrichten kann. Ich habe Vorträge gehalten, wurde in DAX-Unternehmen eingeladen, um meine Sorgen zu präsentieren.

Und schreibe jetzt das hier.

Vielen lieben Dank an Til Mette für die wunderbaren Zeichnungen. Sie machen das Buch definitiv besser!

Und viele Grüße an Matt!

WIE DIESES KLEINE BUCH FUNKTIONIERT. ALSO VIELLEICHT.

SORGEN STEHEN PLÖTZLICH wie ungebetener Besuch im Wohnzimmer. Manchmal verschwinden sie wieder, manchmal ziehen sie einen echt runter und man denkt: „Gut, dass ich gerade nicht im 16. Stock am offenen Fenster stehe."

Jede:r hat Sorgen.

Ganz einfach, weil man sich über so ziemlich alles Sorgen machen kann. Über die Gesundheit, die Ehe, die Kinder, die Farbe am Fensterrahmen, das Auto, die Miete, das Haustier oder die blöde klemmende Schublade vom Schlafzimmerschrank. Man kann sich über Freund:innen, über Nachbar:innen, übers Gendern, das Klima, über Politik, über den Wind, den Nachhauseweg, das Finanzamt, den Bauch, über den Kontostand, über Haarausfall und den Apfelsaft im Kühlschrank Sorgen machen; und es gibt bestimmt auch ein paar Menschen, die zu viel über Spaltmaße von Gehwegplatten grübeln.

Dieses kleine Buch kann helfen, einen anderen Blick auf die eigenen Sorgen zu bekommen. Natürlich ist es kein echter Ratgeber und schon gar kein Therapieersatz. Es ist auch keine ernstzunehmende Hilfestellung, aber eine kleine Ablenkung, die so funktioniert: Wer meine Sorgen liest, beschäftigt das Gehirn mit meinen Sorgen. Nicht mit den eigenen.

Ich würde mir das Buch für die beste Wirkung auf den Nachttisch legen und ab und zu drin blättern, vielleicht mal ein oder zwei Quatschsorgen lesen, um mich von den eigenen Sorgen abzulenken.

Sollte es mit dem Ablenken von den eigenen Sorgen noch nicht so recht klappen, kann man mit diesem Buch immer noch ziemlich gut Mücken erschlagen. (Und warum diese nervigen kleinen Biester es verdient haben, liest du auf S. 135.)

VIEL SPASS! WIRD SCHON. IRGENDWIE.

INHALT

Vorwort 3

Wie dieses kleine Buch
funktioniert. Also vielleicht . . . 4

Empathie 7

Kaugummi 9

Haare 14

Wut 18

Enten 22

Kleider 25

Hodenkrebs 29

Einbrecher 36

Hotels 39

Vorfreude 43

Applaus 46

Tee 49

Avocados 51

Altern 54

Bands 58

Aussprache 60

Macken 61

Liebeslieder 65

Ironie 67

Ohrwürmer 70

Außerirdische 72

Die Anderen 74

Entscheidungen 76

Bewertungen 80

Sprache 82

Verschwörungstheorien 86

Die Reflexfrage 89

Schimpfen 92

Terroranschläge 94

Nacktkatzen 97

Urzeitkrebse 102

Morning Shows 105

Wahlen 107

Ansichtssachen und
Zucchini 110

Überraschungen 114

Peinlichkeiten 116

Träume 121

„ " 124

Work-Work-Balance 126

Das erste Date 129

Mücken 135

Die letzte Sorge 137

Deine Sorge 140

Nachwort 141

Eine Sache noch 142

Das Leben ist wie
ein enger Schlafsack.
Steckt man erst mal drin,
kommt man nur ganz
schwer wieder raus.

Sorge No. 3496768

EMPATHIE

ALS JEMAND MIT sehr langen, empfindlich eingestellten Emo-Antennen und der Neigung zum Grübeln kann ich sagen: Es gibt ihn, den Graubereich zwischen Empathie und Sorge. Er ist sehr groß und weit und tief und ich kann mich wunderbar darin verlieren und verlaufen wie in einer Wüste.

Dann sitze ich da, starre in die Luft und werde irgendwann von einer Stimme aus weiter Ferne gefragt, ob mit mir alles in Ordnung sei. Dieses Zerkauen von Momenten ging bei mir schon sehr früh los und bisher hat es noch nicht aufgehört.

Während ich so sitze und denke, empathisiere ich mit so ziemlich allem in meinem Umfeld und male mir sonderbare Gefühle aus, ich habe Haustiergefühle und natürlich auch Gerätegefühle und Sachengefühle.

Zwischen meinen Ohren entstehen Gedanken und Sorgen wie:

- Hoffentlich ist dem Licht im Kühlschrank nicht kalt.
- Kreischen Möwen vielleicht, weil sie Höhenangst haben?
- Wer bringt dem Briefträger die Post?
- Hat der Zahn der Zeit Karies?
- Kommt die Zahnfee auch ins Altersheim?
- Ist die hintere linke Herdplatte traurig, weil sie nicht so oft benutzt wird wie die Herdplatte vorn rechts?
- Wie geht es dem T-Shirt, das im T-Shirt-Stapel immer ganz unten liegt?
- Würde die Kellertreppe gern mal weiter nach oben kommen?
- Träumt mein Staubsauger heimlich von einer Karriere als Laubbläser?
- Möchte das Schaltjahr auch mal nicht nur alle vier Jahre stattfinden?

- Wäre das Mensch-ärgere-dich-nicht-Spiel bestürzt, wenn es wüsste, dass sich immer Menschen ärgern, weil sie dieses Spiel spielen?
- Weiß das Saxophon, dass es, wenn es von einem Anfänger gespielt wird, klingt wie ein Gänseschwarm auf dem Weg in den Süden? Und kann es sein, dass Gänse bei Leuten ins Dach fliegen, weil in dem Haus jemand übt und die Gänse denken, dass sie da reinmüssen? Von außen muss das wirken wie ein Selbstmordkommando.
- Würden die Polizeisirenen gern mal in einer anderen Tonart spielen?
- Findet die Heizung den Winter vielleicht sehr anstrengend? Oder doch eher den Sommer?
- Was denken Bäume über Duftbäume?
- Möchte der Blinker am Auto vielleicht mal durchgehend scheinen? Immer an-aus-an-aus-an-aus ist doch auch unbefriedigend.
- Bin ich den Ampeln peinlich? Oder warum werden sie immer rot, wenn sie mich sehen?
- Hoffentlich ist der Baum nicht nachträglich traurig, weil er zu dem Papier verarbeitet wurde, aus dem dieses Buch gemacht wurde. Vielleicht wäre er viel lieber ein Armaturenbrett in einem Jaguar E-Type geworden.

Na ja.

Hoffentlich wird den Buchseiten nicht schlecht, wenn sie gleich umgeblättert werden.

KAUGUMMI

„SO, HIER IST DEIN PLATZ."

Frau Krüger-Weissenfels, die Kindergärtnerin, die aussah wie eine lederne Aktentasche, die 20.000 Kilometer an einem Auto durch die chilenische Atacama-Wüste hinterhergeschleift worden war, hatte ihre kalten Finger auf meine Schulter gelegt und mich in die Mitte einer kleinen Halle geschoben. Ihre kreppige Gesichtshaut hatte beim Lächeln geknirscht.

So ging er los, mein erster Tag im Kindergarten. An diesem Tag habe ich mir das erste Mal richtig Sorgen gemacht.

Seit ich vor ein paar Minuten von meiner Mutter hier abgegeben wurde, habe ich die ganze Zeit nur die Muster im Steinfußboden angestarrt. Graue kleine Steinchen, die irgendwann aus einem mächtigen Felsen gesprengt und zu diesem Fußboden verarbeitet worden waren. Mein Mitgefühl mit diesen kleinen Steinchen war immens, denn auch ich war herausgesprengt worden – aus meiner Familie. Aus meinem Bett. Aus der Wohnung.

Um mich herum haben sich ungefähr achtzig oder tausend andere Kinder aufgestellt. Sie haben mich angestarrt, dann angefangen zu schreien.

„HEU-TE IST GE-MÜSE-TAG! DAS IST DER TAG, DEN JE-DER MAG ..."

Bei „TAG" und „MAG" wurde es so laut, dass meine Kniescheiben vibrierten.

Die Heimleitung hat mich angesehen, wie Dr. Frankenstein sein Monster angeguckt haben muss, als er ihm die letzte Hand angenäht hat. Dann ist sie zu einem Hocker geschlendert, der am Rand stand. Sie hat sich draufgesetzt und wie eine Irre auf ihre Wandergitarre eingeschlagen. Die Kinder haben dazu gekreischt.

Nach dem Singen hat sich meine neue Bezugsperson, der ich hinterhergewatschelt bin, wie ein frisch geschlüpftes

Gänseküken dem Hofhund zu mir runtergebeugt und mit mir geredet wie mit einem sedierten Wrack auf dem Sterbebett. „Ach, das ist aber schön, dass du da bist. Heute singen wir ganz viel und essen gutes Gemüse. Denn heute ist unser GE-MÜSE-TAG. Wir wünschen dir ganz, ganz viel Spaß hier bei uns.

Und jetzt ...“

Sie hielt kurz inne, um mir ansatzlos eine 25 Zentimeter lange Karotte in den Hals zu rammen und dabei dann fünf Mal rhythmisch klatschend zu rufen:

„... GU-TEN APP-E-TIT.“

Meine nächste Erinnerung war ein spontaner Angsthustenanfall, mit dem ich die gut eingespeichelten und zerkauten Karottenstückchen großflächig auf dem Linoleumfußboden verteilte. Ein Brei aus rohem Gemüse, das nicht weniger wurde, sondern sich mit jedem Biss verdoppelt hatte. Es wurde immer mehr. Immer mehr. Immer mehr. Immer mehr. Immer, immer, immer mehr. Mehr.

Frau Krüger-Weissenfels beugte sich zu mir herunter, streichelte meinen Rücken und redete so sanft wie eine russische Eiskunstlauftrainerin auf mich ein: „Ach, das macht doch nichts. Das wirst du jetzt alles wieder aufsammeln und dann ist alles so, als wäre nichts gewesen.“

Noch während die letzten Ausläufer dieser mörderischen Hustenattacke durch meinen Hals pfiffen, durfte ich auf dem Linoleum rumkriechen und die zerkauten Einzelteile aufsammeln.

Und so wurde ich dann meiner Gruppe vorgestellt.

„Das da ist unser Neuer. Sagt mal alle Hallo.“

Die erste Sache, die ich im Kindergarten gelernt habe, war also Empathie. Ich konnte mich von der ersten Sekunde an sehr gut in einen Strafgefangenen hineinversetzen, der unschuldig eingebuchtet worden war (lebenslänglich) und der mit derselben Zahnbürste das Klo und danach vor allen Leuten sich selbst die Zähne putzen musste.

Und ich wusste nun auch genau, wie sich eine Kuh fühlen muss, wenn ihr das Bolzenschussgerät auf die Stirn gesetzt wird.

Ich lernte auch, woraus Superkleber besteht: aus Karotten, Speichel und Linoleum. Das Zeug ließ sich nämlich nicht aufsammeln.

Dankenswerterweise wurde ich bei meiner Strafarbeit in diesem Linoleum-Gefängnis unterbrochen. Angelika, ein vierjähriges Wesen, das aus Mitleid und glänzender Haut bestand, torkelte unbeholfen auf mich zu, pulte etwas aus ihrem Backenzahn und steckte es mir in den Mund. Damals durfte man im Kindergarten nämlich noch Kaugummi kauen. Rauchen durfte man damals auch, glaube ich.

Der Kaugummi schmeckte nach Blut, Karotten und Kamillentee, ich war aber mental zu schwach, um mich zu wehren, und kaute diesen zähen Brocken einfach weiter.

Dann nahm Angelika mich an die Hand, nuschelte ein „ljesn" und zerrte mich zur Bücherecke. Da standen „Auf der Baustelle", „Die kleine Raupe Nimmersatt" und ein nagelneues „Was ist Was".

Natürlich konnte ich noch nicht lesen, aber Bilder waren erst einmal okay. Bisschen blättern zum Runterkommen, das konnte ich gerade ganz gut gebrauchen. Baustellen und Raupen interessierten mich nicht, in dem „Was ist Was" ging es um Dinosaurier, Buchstaben und Eis. Das war schon eher nach meinem Geschmack.

Okay. Ganz vorsichtig öffnen.

Der Lack knirschte noch, als ich das Buch aufschlug. Zahlen, Buchstaben, Gürteltiere, hässliche Wesen und Vögel mit Lederflügeln, die ein wenig aussahen wie die Heimleiterin Frau Krüger-Weissenfels mit ihren lappigen Falten. Ich tauchte langsam ab, vergaß die Kinder um mich herum, konnte ausblenden, dass ich mitten in einem Albtraum steckte. Als ich zur Doppelseite mit dem Säbelzahntiger blätterte, explodierte in mir ein Gefühlsfeuerwerk: Staunen, Ehrfurcht,

Freude, Schaudern, es war alles dabei. Das Tier hat mich direkt angesprungen. Mit seinen gebogenen Reißzähnen, die mir gelb und groß wie Riesenbananen Angst einflößten, war mir völlig klar: Dieses Tier wollte mich angreifen.

Plock.

Mir ist Angelikas Kaugummi aus dem vor Schrecken aufgerissenen Mund gefallen, der graue Klumpen klebte nun an der Stelle, wo eigentlich das gestreifte Fell dieses Raubtiers abgebildet war. Es ist quasi im Fell des Tieres kleben geblieben. Hatte das jemand gesehen? Angelika? Nein – die hat Puppen gefüttert. Die anderen? Nein – die haben mit Töpfen geschmissen. Die Erzieherin? Nö, die war damit beschäftigt, zwei Kinder, die sich ineinander verbissen hatten, zu trennen. Ich war allein auf mich gestellt und vollkommen überfordert.

Ein paar vorsichtige Versuche, den Klumpen von der Seite zu kratzen oder vielmehr aus dem Fell zu pulen, habe ich schnell aufgegeben. Fehlende Motorik und eine noch bessere Klebewirkung als Karotte-Speichel-Linoleum verhinderten den Erfolg.

Meine Lippe zitterte.

Dann beging ich einen der größten Fehler, den man in so einer Situation begehen kann. Ich habe das Buch zugeklappt und so den Säbelzahntiger ein weiteres Mal ausgerottet – mit einem Kaugummi. Das ganze schöne Wissen über dieses großartige Tier: klatsch, weg. Für immer zwischen den mit Kaugummi verschmolzenen Buchseiten verbannt.

Meine Hauptsorge bis zum heutigen Tag ist jedoch: Ich habe den kompletten Kindergarten verdummt – niemand konnte jemals wieder etwas über die Jagdtechniken des Säbelzahntigers erfahren. Anmut, Schönheit, Bananenzähne, Katzenhaftigkeit, alles weg.

Beschämt habe ich das Buch ins Regal gestellt und dann mit Angelika Puppen gefüttert.

Die nächsten Stunden erlebte ich in einem Nebel aus Tränenflüssigkeit, Angst und Scham. Es gab noch Mittagessen (verbranntes Kartoffelpüree), danach zwangen sie uns zum Mittagsschlaf. Dazu wurden wir in kratzige Wolldecken gehüllt und auf Feldbetten gelegt. Die letzten Minuten bis zur Abholung habe ich einfach nur ertragen. Diese Minuten fühlten sich an wie Stunden, die Stunden fühlten sich an wie ein Folterknecht, der einem mit einer Kneifzange die Fingernägel rausreißt. Und dann stand da plötzlich meine Mutter und sah mich voller Stolz an.

Zur Verabschiedung hat sich Frau Krüger-Weissenfels zu mir runtergebeugt, um mir noch ein paar sehr lieb gemeinte Worte mit auf den Weg zu geben. Ihre Hose aus grobem Vlies machte dabei sonderbare Schmirgelpapiergeräusche.

kch – kch – kch - kch

„Guck mal, der erste Tag im Kindergarten ist etwas ganz, ganz Tolles. An den erinnert man sich sogar noch, wenn man so groß und erwachsen ist wie ich."

Wie recht sie hatte.

ICH FÜRCHTE, MEIN PORTEMONNAIE FRISST GELD.

Sorge No. 3488545

HAARE

WENN ICH MICH am Kopf kratze und sehe, wie viele Haare ich allein durch einen einzigen Kopfkratzvorgang verliere, mache ich mir natürlich sofort Sorgen um meine Körperbehaarung.

Auf dem Kopf allein hat der Mensch bis zu 150.000 Haare. Haare sind aber eigentlich überall. In der Nase, in den Ohren, auf den Armen, auf den Fingern, über den Augen, auf den Zehen, im Gesicht. Auf dem Rücken!!! Manche haben sogar Haare auf den Zähnen.

Auf der gesamten menschlichen Haut wachsen gut fünf Millionen Haare. Das ist ein Überbleibsel unserer Urahnen. Die dichte Körperbehaarung hat die Menschen damals gegen Wind, Wetter und vor allen Dingen gegen die Sonneneinstrahlung geschützt. Damals ist man Keulen schwingend durch die Gegend gezogen und hat sich am Lagerfeuer komplexe Geschichten erzählt, die nur aus Gurrlauten und Vokalen bestanden. Wenn einem eine Geschichte nicht gefallen hat, gab es gepflegt ein paar aufs Maul. Zack.

Es gibt Orte, an denen man sich auch heute noch direkte Nachfolger der Urahnen ansehen kann: am Bierstand auf jedem beliebigen Stadtfest. Jeder Plastikbecher voll Plörre bringt diese Urviecher weiter zurück in der Zeit. Aber das ist ein anderes Thema. Wo war ich? Ach ja, Körperbehaarung.

Was wäre, wenn Menschen heute Haare in den Kniekehlen hätten? Eine Sorge zum Haareraufen. Es ergäben sich völlig neue Möglichkeiten, denn natürlich würde eine ganze Industrie daran hängen.

Chefs von Designagenturen würden großen Konzernen für einen sechsstelligen Betrag das Wort 'Poplit Razor' verkaufen, was nur eine 1:1-Übersetzung von 'Kniekehlenrasierer' ist, aber viel besser klingt. Produktdesigner würden anatomisch perfekte Griffkuhlen entwickeln, besondere Klingen würden geschmiedet, die auf ausgeklügelten Gelenken säßen, damit man auch gut um die Kniesehnen herumrasieren kann. Es würde Profi-Editions geben mit acht Klingen. Und es würde Einmalrasierer geben für den Wochenendtrip.

Abgestumpfte, niederträchtige, innerlich ausgehöhlte Konzernmanager würden in Meetings sitzen, an ihre wilden 20er zurückdenken, bunte Verjüngungsdrinks schlürfen und sich Strategien ausdenken, wie man die Haare in den Kniekehlen zu noch mehr Geld machen könnte. Überdreht-unsichere Zwanzigjährige, die in den abgeranzten Körperhüllen von Fünfzigjährigen stecken, würden ihre Stimme viel zu laut einsetzen: „Ja! 'Poplit Razor!' Das ist DAS NEXT BIG DING! Lasst uns überteuerte 'Poplit Razor' auf den Markt bringen. Wir brauchen glaubwürdige 'Poplit Razor'-Multiplikatoren, die den Kids da draußen erzählen, wie die Kniekehlen am besten auszusehen haben. Haare in Kniekehlen sind ein Problem – wir sind die Lösung. Mit unseren akkubetriebenen 'Poplit Razor'-Machines in bunten Farben. Die für Frauen machen wir natürlich 60 Prozent teurer und die müssen rosa sein und glitzern."

Während sie das sagten, würden sie innerlich feixen: „Wir verkaufen ordentlich von den Dingern, meine Provision wird gigantisch sein. Irgendwer muss meine Hütte in den italienischen Abruzzen ja bezahlen, genauso wie meine Therapiestunden."

Menschen trügen Konzeptbärte in Kniekehlen, es gäbe Stars mit Kniekehlenzöpfen und Leute mit Kniekehlenlocken. Und Kniekehlenfriseure. Natürlich gäbe es auch Kniekehlenfriseurstühle, die eher Liegen wären. Und es gäbe ganze Messen dafür. Es gäbe Kniekehlenrasierer-Außendienstmitarbeiter, die auf Raststätten Bockwürste essen und Verkaufsargumente austauschen. Fußballspieler würden ihre Kniekehlenfrisuren sehr wahrscheinlich auf die Farbe ihrer Stutzen abstimmen, ein exzentrischer Kniekehlenfriseur würde mit dem Team zu Auswärtsspielen mitreisen. Überhaupt: Kniekehlenfriseur wäre ein Lehrberuf und es gäbe sogar Meisterprüfungen. Kniekehlenfriseurnamen wären so was wie: „Knie ohne meine Haare", „How up you hair knee" und „Glatt im Knick".

Wir müssten uns an neue Frisurentyp-Vokabeln gewöhnen. Zum Beispiel SeikuMiLa (Seiten kurz, Mitte lang). Und an kniekehlenfreie Jeans, die in Massen gefertigt würden, wofür Maschinen und ganze Industriestraßen gebaut würden, in China. Oder in der Türkei.

Es gäbe gut riechenden Kniekehlenrasierschaum, nachhaltigen Kniekehlenrasierschaum und natürlich auch Kniekehlendeo. Denn mit Haaren in den Kniekehlen würde man auch schwitzen, im Sommer würde Schweiß die Waden runterlaufen und am Schuh unansehnliche Salzränder hinterlassen. Berliner Start-Ups würden in Hinterhöfen Wadenschweißbänder aus alten Stofftieren produzieren und für 80 Euro verkaufen. Das Stück.

Fahrradfahrer hätten mit ziemlicher Sicherheit kurze Kniekehlenfrisuren, damit die Haare sich nicht in der Kette verheddern. Im Fahrradhandel könnte man bunte Wadenspangen für längere Kniekehlenfrisuren kaufen. Den Kindern würde man bunte, sichere Wadenspangen mit kleinen Teddy-Reflektoren andrehen.

Menschen mit Kniekehlenglatzen würden wahrscheinlich irgendwann anfangen, mit diesen Glatzen und ihren Handinnenflächen Kniekehlenpupsmelodien zu produzieren, um damit in TV-Castingshows eine Runde weiterzukommen. Besonders schillernde Teilnehmer würden zu weiteren TV-Shows eingeladen, sie würden sich eine Karriere aufbauen, die ausschließlich auf Kniekehlengeräuschen basiert.

Auf Klassenreisen würden den Ruhigen und Schüchternen die geflochtenen Kniekehlenzöpfe zusammengeknotet. Oder ganz fies: abgeschnitten! Strafarbeiten wegen Kniekehlenfrisurenstreichen würden verteilt. Einige Rabauken würden dafür sogar von der Schule fliegen.

Boulevardmedien würden Kniekehlenpaparazzifotos britischer Sängerinnen zeigen. Anwälte müssten sich damit beschäftigen und es würde Klagen regnen, worüber dann wiederum berichtet werden würde. Vielleicht würden sogar einige Anwälte als knallharte „Poplit-Lawyer" bekannt.

An einem anderen Ort würden Manager in teuren Workshops bunte, akkubetriebene Kniekehlenlockenwickler ersinnen, die nach wenigen Anwendungen kaputtgingen, sodass man sie neu kaufen müsste. Viele von den Kniekehlenlockenwicklern landeten im Hausmüll, Aktivistinnen und Aktivisten würden mit Protestaktionen gegen die gewollte Verschwendung der Kniekehlenlockenwicklerindustrie aufmerksam machen.

Das wäre aber alles nichts gegen die Religionen, in denen Teenager und Frauen ihre Kniekehlenhaare speziell bedecken müssten. Oder die anderen Glaubensrichtungen, in denen die Männer spezielle Kniekehlenkappen tragen würden. Irgendwann käme es bestimmt zu Kniekehlenglaubenskriegen und zu Gewalt wegen Kniekehlen. Muss man sich mal vorstellen!

Bevor ich darüber nachdenken konnte, was ich für ein Kniekehlenfrisurentyp wäre, bin ich dann doch irgendwann eingeschlafen. Natürlich habe ich davon geträumt, was los wäre, wenn Menschen einen eckigen Kopf hätten.

MENSCHEN
MIT MATHEPROBLEMEN
SOLLTEN LIEBER NICHT
MIT DEM SCHLIMMSTEN
RECHNEN.

Sorge No. 5249724

WUT

AUTOHERSTELLER BRINGEN IMMER mehr Assistenzsysteme raus, die den Kunden das Leben erleichtern sollen. Angefangen hat alles damals mit der Servolenkung, mittlerweile haben sich die Ingenieure bis zur Müdigkeitserkennung hocherfunden. Und es kommen immer mehr Helfer dazu: Sitzverstellung mit Memory-Funktion, Spurhalteassistent, automatisch ausklappbare Kaffeebecherhalter und nicht zu vergessen: autonomes Fahren. Wir Menschen gewöhnen uns an all das, so wie wir uns irgendwann auch an die elektrische Kofferraumklappe gewöhnt haben, die erfunden wurde, um Einladen, Einräumen und Ausräumen für die Besitzer noch geschmeidiger zu gestalten. Und das ist es, was mir ernsthaft Sorgen bereitet!

Wenn man mal echt mies gelaunte Menschen beobachten möchte, an denen die Assistenzsysteme vorbeierfunden wurden, reicht es aus, sich für fünf Minuten auf einen IKEA-Parkplatz zu stellen. Hier ist die Population der Leute, die ihre Einkäufe mit einem 280er-Puls in den Kofferraum stopfen, sehr hoch. Samstagvormittag ist ein guter Zeitpunkt.

Der Klassiker geht so: Ein junges Pärchen, das eigentlich wundgeknutscht sein sollte, lenkt den voll gepackten Einkaufswagen über den Pflastersteinparkplatz. Die beiden sind vollkommen erschöpft, ihre Gefühle entsprechen schon seit Stunden nicht mehr der Lebenswelt eines IKEA-Kataloges. Ihre Augen rollen ähnlich unkontrolliert in ihren Augenhöhlen hin und her, wie die Räder über die Fugen der Pflastersteine rattern. Alles schief. Nichts passt. Das Leben schlackert.

Irgendwann schaffen sie es, den unlenkbaren Einkaufswagen zum Auto zu bugsieren. Die beiden haben am Ausgang noch schnell zwei Hot Dogs gegessen, die Luft riecht nach aufgewärmter Wurst und Röstzwiebeln, die Stimmung ist noch schlechter als die Luft, die von den beiden ausgeatmet wird.

Das junge Pärchen ist nach einem inspirierenden Frühstück („Hej, lass doch mal schnell eben zu IKEA, wir kaufen uns schnell noch eine Bambus-Jalousie") sehr motiviert in den Laden gestartet, hat sich durch die vielen schwedischen Inspirationswelten mäandert und sich dann für eine unspektakuläre Kompromisslampe entschieden („LØNGWEILIG") und ein paar Kissen („NÅJÅ"), die keinem so richtig gefallen. Dazu Kerzen, Gläser, einen hässlichen Fußhocker („UGGLI") und ein kleines „Vielleicht brauchen wir das für den Keller"-1,60-Meter-Regal, das vielleicht niemals ausgepackt werden wird („EGÅL").

Der ganze Einkauf, der virtuell schon auf Ebay-Kleinanzeigen steht, muss jetzt irgendwie in den viel zu kleinen Kofferraum. Der Fußhocker. Die Lampe. Die Kissen. Der Kleinkram. Und. Das. Regal. Uuuuuuund. Dasssss. Regal. UUUUUND! DAAAAAAS REEEEEEEEEGAAAL!

Das Kackregal passt nicht.

Unweigerlich kommt es zum Äußersten und einer der beiden sagt das Schlimmste, das man in so einer Situation zu jemandem sagen kann: „Lass mich mal!" Die Wut wächst und ist jetzt größer als alle IKEA-Parkplätze der Welt.

Kurz bevor das Regal mit voller Wucht aus dem Auto gerissen wird und auf den Asphalt fliegt, wo es zu Holzstaub und Lacksplittern zerbröselt, ruckelt es sich irgendwie in das Auto. Die Galle schäumt. Miese Gefühle, Anschreien, alles andere als gute Laune. Stand so bestimmt nicht im Katalog. Aber jetzt passt es ja. Auch weil das Regal noch einen schönen Kratzer im Lack hinterlassen hat. Eine Narbe im Lack als Erinnerung an diesen Tag.

Das Pärchen ist so wütend wie 10.000 Klaus Kinskis, die gegen dumme Ansagen von Kameramännern argumentieren. Zornesfalten. Schweiß. Zitternde Stimmen. Wut, die so heftig ist, dass sie auf einem Seismografen messbar wäre. Der Typ hat bereits die Hand an der Heckklappe, seine Augen spucken Feuer.

Und dann?

„Bzzzzzzzzzzzzzzzzzzzzzzzzzzzzzzzzzzzzzzzzzzzt – klack."

Dann drückt er den Knopf für die elektrische Heckklappe. Seine Fingerkuppe berührt sanft das sensitive Feld, dessen Impuls einen kleinen Motor antreibt, der den Kofferraum in den geschlossenen Zustand summt. Mit einer Zen-artigen Gelassenheit schmatzt der Zapfen ins Schloss. Für einen kurzen Moment herrscht Ruhe und alle atmen tief aus. Irgendwo dahinten zwitschert ein Rotkehlchen.

Was soll das? Das kann doch nicht gut sein für die Menschheit! Die Wut verschiebt sich doch nur. Ich mache mir natürlich Sorgen um das Paar. Und nicht nur um dieses eine, sondern um viele andere Paare, Familien, Singles und Rentner, die auch ein Auto mit so einem Kofferraumknopf haben.

Ehrlich mal, liebe Autohersteller, so geht das doch nicht! Wenn es schon einen Knopf für die Heckklappe geben muss, dann ja wohl einen Wutknopf. Einen, der die Heckklappe wütend zuknallen lässt. Mit einem RICHTIGEN KNALL! Und zwar schneller, heftiger und stärker, als es ein Mensch jemals schaffen könnte.

BÄMM! SO! JETZT SEID IHR KACK-EINKÄUFE IM KOFFERRAUM! IHR ARSCH-EINKÄUFE! ICH HABE EUCH NICHT AUSGESUCHT!

ICH HASSE EUCH!

Vielleicht würde so ein Wutknopf die Welt tatsächlich ein bisschen besser machen. Irgendwo muss die Wut ja hin – findet bestimmt nicht nur das junge Pärchen auf dem IKEA-Parkplatz, das finden ganz sicher auch Herzchirurg:innen, Bombenentschärfer:innen und Yogalehrer:innen.

Herbst in Deutschland

ENTEN

ALS KIND HATTE ich die Hobbys „Auf dem Teppich in der Sonne liegen und grübeln", „Die Knubbelchen aus der Raufasertapete knibbeln" und „Enten füttern".

Ich bin in einer Entenfüttererfamilie aufgewachsen. Bei Familientreffen hieß es nach dem Nachtisch (meistens Schokoladenpudding) immer: „Mensch, sonst geh doch mal Enten füttern. Aber immer schön an die letzte Ente denken."

„Die letzte Ente" ist ein familieninternes Codewort. Wir haben uns seit Generationen um die letzten Enten gekümmert. Um die, die sich haben abdrängen lassen, die es nicht in die erste Reihe geschafft haben, um die schüchternen, die leisen.

Natürlich haben wir angefangen wie alle anderen Entenfütterer: mit Brot. Altes Toastbrot, trockenes Roggenbrot, schief abgeschnittene Scheiben Mischbrot. In unserer Familie weiß man schon als Dreijähriger, wie man Brot entenschnabelgerecht reißt. Wir haben uns aber gesteigert und uns schlaugemacht. Irgendwann sind wir auf professionelles Entenfutter umgestiegen. Das waren die besten Weihnachtsgeschenke: zwei Kilo Entenfutter aus dem Entenfuttershop, schön eingepackt. Darüber haben wir uns noch mehr gefreut als über Thermohosen oder Lötkolben.

Ich bin an einem kleinen, braunes Wasser führenden Fleet aufgewachsen und habe schon immer ausschließlich Jacken mit Innentaschen getragen – damit ich Platz für mein kleines rotes Entenvokabelbuch hatte. Darin habe ich die Entensprache dokumentiert. Ich habe wirklich stundenlang, ja tagelang am Flussufer gehockt, den ölgefiederten Freunden zugehört und irgendwann auch selbst mit ihnen gesprochen. „Quak-quak-quak-nack-naaaaaaaack" bedeutet zum Beispiel: „Achtung, rottet euch zusammen! Da kommt der mit dem guten Entenfutter!"

„Nak-naaaaak-nak-nak" bedeutet: „Ich hätte jetzt tierisch Bock, eine zu rauchen." Das Buch gibt es noch, es liegt auf dem Dachboden.

Mandarin-Enten habe ich nie fliegen sehen. Sie gleiten immer nur über das Wasser, langsam und andächtig, mit erhobenem Haupt, so als hätten sie sich in der Boutique eine exzentrische Klamotte gekauft und würden jetzt aufpassen, sie nicht vollzukleckern. Bisschen überheblich, wenn man mich fragt. Ich bin eher für die Arbeiterente. Enten sind der Free Jazz der Tierwelt. Mal nervig, mal herzzerreißend schön, mal amüsant, und man weiß nie, was als Nächstes passiert.

Diese Multitools der Vogelwelt haben mich schon immer fasziniert, sie können alles ein bisschen, aber nix richtig gut. Für mich sind sie zu einer Lebenseinstellung geworden: Lebe wie eine Ente – es ist besser, alles ein bisschen als viel gar nicht zu können.

Enten können halbwegs gut schwimmen, sie fliegen wie besoffene Volltrottel und schreien im Flug, als wüssten sie nicht, wie man landet. Und wie sie landen! Sie surfen ein paar Meter auf dem Wasser und sehen dabei aus wie Kinder, die im Winter auf gefrorenen Pfützen glitschen. Enten können sich watschelnd immerhin schneller fortbewegen als eine Schnecke und ihr Gequake klingt wie ein aufgeregter Kreisligatrainer, der Anweisungen auf das Spielfeld brüllt, oder wie die erste Stunde Saxofon-Unterricht. Also nicht ganz so elegant wie eine Nachtigall oder Whitney Houston, aber immerhin.

Vielleicht wird der Citroën 2CV ja auch deshalb liebevoll Ente genannt – weil diese langsame Gehhilfe, die offiziell als Automobil geführt wird, nichts richtig kann, aber von allem ein bisschen.

Schnell zurück zu den Federenten.

Die Enten bei uns im Fleet konnten sich nicht gerade darüber beschweren, dass ich sie zu wenig beachtet hätte.

Natürlich hatte ich immer Futter dabei, ich war beim Füttern immer fair und ich bin mir sicher, dass ich die Entenpopulation angekurbelt habe. Beim Entenfüttern achtete ich selbstverständlich immer darauf, nicht die gierigen, die lauten im Vordergrund zu füttern. Nicht diese maßlosen Büfettdrängler. Ich habe die Brotkrumen und das Futter immer ganz nach hinten geworfen bis zur letzten Ente. Zu der schüchternen, scheuen, vorsichtigen, langsamen Ente. Die vorne ignorierte ich, so gut es ging. „Nee, nicht ihr!" Ich quakte sie auch in Entensprache an. Über die Jahre bin ich zu einem sehr guten Entenfutterwerfer geworden. Distanz und Ziel kann ich. Ich habe ja auch lange genug geübt.

Es ist noch nicht lange her, da bin ich mitten in der Nacht aufgewacht und konnte nicht mehr einschlafen, weil mir eine Frage in den Kopf gesegelt ist – ungalant wie der Flug einer Ente: „Was, wenn die gierigen, zappeligen, lauten Enten da vorne einfach nur hungrig waren, weil die letzte Ente überhaupt nicht schüchtern, sondern satt und bräsig auf dem Wasser saß – weil sie den Enten, die jetzt in der ersten Reihe waren, zuvor alles weggefressen hatte?"

Äh.

IST DER FREITAG DAS FLUSENSIEB DER WOCHE? ALLES, WAS MAN NICHT GESCHAFFT HAT, BLEIBT SCHLIESSLICH AN IHM HÄNGEN.

Sorge No. 1875462

KLEIDER

IM KATALOG, DER mir in den Briefkasten gestopft wurde, werden neben Hackfleisch, Kochsahne, Waschmittel, einer elektronischen Gewürzmühle, französischem Weichkäse und einer beheizbaren Sofadecke auch Halbschuhe angeboten.

„Halbschuhe. Ist das nicht auch ein bisschen diskriminierend?" Mit dieser Frage ging das Sorgenkarussell, das in meinem Schädel wohnt, in die erste Runde. Warum fragt man im Schuhgeschäft nach Halbschuhen, aber nie nach Ganzschuhen? Oder sollen Stiefel eigentlich Ganzschuhe sein? Sind Stiefel nicht eher „hochgewachsene Halbschuhe mit langer Außenwand und Knöchelschutz"? Wie fühlen sich Halbschuhe?

Es ist kompliziert.

Müsste man dementsprechend konsequenterweise nicht kleinere Menschen oder Kinder als „Halbmenschen" bezeichnen? Das ist doch auch nicht schön. Sollten kurze Hosen Halbhosen heißen? Es gibt ja immerhin auch Dreiviertelhosen. Würde man „Heute ist es warm, ich ziehe meine Halbhose an" sagen – Kopfschütteln wäre das Mindeste, was man erntete.

Hat man früher „Halbbrille" zu Monokel gesagt?

Und was sind in einer Welt, in der man Schuhe und Halbschuhe unterscheidet, Westen aus Sicht eines Mantels? Oder einer Multifunktionsjacke? Da ist doch ein soziales Gefälle vorprogrammiert.

Wo auf jeden Fall eine Menge Ärger vorprogrammiert ist: bei Socken. Schließlich durchleben sie in jedem Waschgang einen schmerzhaften Trennungsprozess. Kaum haben sie diese Trennung verarbeitet, suchen wir Menschen die einzelnen Socken, nachdem sie geschleudert und völlig fertig getrocknet wurden, aus den hintersten Ecken des Wäschekorbs zusammen, verknoten sie zu einem untrennbaren

Knäuel und stopfen sie in die dunkle Sockenschublade. Auf dass sie sich wieder vereinen. Und als ob das nicht schon genug wäre, ziehen wir sie über unsere Fleischfüße, quetschen sie in Schuhe, trampeln auf ihnen herum und schwitzen sie voll. Und dann werden sie wieder gewaschen. Immer und immer wieder. Ich glaube, dass Socken mindestens so traumatisiert sind wie Unterhosen.

Dazu kommt noch die politische Komponente: Ist es überhaupt in Ordnung, linke Socken zusammen mit rechten Socken zu waschen? Ist das nicht viel zu radikal? Ausschreitungen sind doch hier unvermeidlich. Warum steht dazu nichts in der Waschanleitung? Und überhaupt: Müssten Socken nicht eigentlich „Halbstrümpfe" heißen?

Kommen wir zu den eingebildeten Snobs unter den Klamotten: Hemden. Mal abgesehen von den ultra-elitären Oberhemden, die ihre Spezialbehandlung in der Reinigung bekommen: Liefern sich eigentlich diese Ober- und Unterhemden in der Waschmaschine einen regelrechten Klassenkampf? Kann man das verantworten? Zumal die Unterhemden nicht mal Ärmel haben, um sich zu wehren. Und was passiert im Schrank, wenn die Unterhemden über den Oberhemden liegen? Ist das ein waschechter Aufstand im Kleiderschrank?

Es gibt in der Waschtrommel natürlich auch genau denselben Geschlechterkampf, der außerhalb der Waschmaschine stattfindet. Mit ziemlicher Sicherheit bekommen doch Frauenkleider weniger Waschmittel ab als Männerjeans. Auch Nationalismus ist auf diesem beengten Raum ein Thema. Wie gucken deutsche Klamotten auf welche, die im Ausland gefertigt wurden? Begegnen sie ihnen mit Gleichgültigkeit? Mit Neid? Mit aus Sorge gewachsenem Hass?

An der Garderobe finden regelmäßig Klassismus und Etikettierung statt. Gut zu beobachten, wenn der Wollmantel neben einer Synthetikjacke hängt. Die Diskussionen über Natürlichkeit und die Nachteile von Kunststoff müsste man mal aufnehmen. Was wohl los ist, wenn da eine Kaschmir-Strickjacke zwischenhängt. Oder ein Kamelhaarmantel.

Wird den nicht mehr ganz nüchternen Breitcordhosen vom Schleudern so schlecht, dass sie neue Flecken kotzen? Und falls ja: Wird die Waschmittelindustrie schnell genug mit einem neuen Spezialwaschmittel reagieren können? Kann die Werbeagentur sich schnell einen Wirkstoffnamen ausdenken, der Abhilfe verspricht, der so unverständlich ist, dass man ihm nur vertrauen kann, weil man weder Lust noch Zeit hat sich damit zu beschäftigen? „Das neue Floosh – mit BCHK-System plus und extralargen Hybrid-Balls!"

Wenn Sportklamotten mit der gemütlichen Sofa-Jogginghose zusammen gewaschen werden – hechelt die gemütliche Hose immer ein paar Umdrehungen hinterher? Hat irgendjemand schon mal drüber nachgedacht, ob die kuschelige Jogginghose überhaupt gewaschen werden möchte? Vielleicht überdehnt sie sich bei den ganzen Umdrehungen ein paar Bänder. Bänderdehnungen sind schmerzhafte Sportverletzungen, vor allem wenn man so komplett unsportlich ist wie die Sofa-Jogginghose.

Eine der dringlichsten Sportklamottenfragen ist und bleibt allerdings: Wie brutal sind Boxershorts wirklich?

Okay, wenn ich jetzt anfange darüber nachzudenken, dass meine Klamotten immer, wenn es ihnen dreckig geht, in den Wäschepuff gehen, mach ich mir auf jeden Fall richtig Sorgen.

Ich lass es lieber.

HODENKREBS

„ACH SO: KLAAS, mit dem du in die erste Klasse gegangen bist, hat jetzt ja auch Hodenkrebs", meinte meine
Mutter in einem Nebensatz.

Man hätte mir einen glühenden Nagel in den Fuß treiben,
mir den Arm mit einem stumpfen Schwert abhacken oder
mir mit einem Backstein den Schädel einschlagen können –
ich hätte nur dieses Ziehen in der Lendengegend gemerkt.

In den folgenden Tagen ist mein Gehirn auf die Größe
einer dunklen Murmel zusammengeschrumpft und auf der
Murmelbahn der Angst in den Abgrund gerollt. Immer wieder. Obwohl ich genau wie jeder andere Mensch weiß, dass
man es nicht tun soll, habe ich es trotzdem getan. Ich habe
mich auf das dünne, knackende Eis begeben und „Symptome Hodenkrebs" in das Fenster der Suchmaschine getippt.
823873423462342389 Milliarden Ergebnisse in 0,0001
Sekunden.

„Stechende Schmerzen beim Pinkeln."

„Ziehen im Hoden."

„Trockene Haut am Ellenbogen."

„Kratziges Husten, der linke Arm zwickt, man humpelt
und schielt."

„Eier so groß wie Wassermelonen und so schwer wie ein
Ölfass."

„Mach dein Testament. Du bist eigentlich schon tot."

Lesen – schlecht fühlen – weiterlesen – absterben. Denn
ich hatte selbstverständlich jedes der acht Fantastilliarden
Symptome. JEDES EINZELNE! Meine nächste Suchan-
frage war: „Urologe in meiner Nähe". Ich habe natürlich
sofort einen angeschrieben und gefragt, ob ich mal vorbeikommen kann. Schon das Abschickgeräusch der Mail hat
mein Gewissen beruhigt, das Ziehen und Stechen in meinem
Hodensack verschwand zusammen mit dem Whhhuuuusch,

mit dem die Mail in das Glasfaserkabel eingetaucht ist. Whhhuuuusch – weg.

Wie gut wäre es, wenn man das mit allen Sorgen und Problemen machen könnte, die einem so das Leben versperren. Einfach aufschreiben, wegschicken. Raus aus dem Kopf. Raus aus dem Leben.

Stress mit dem Vorgesetzten: Tippen, whhhuuuusch – weg.

Abflussrohr verstopft: Aufschreiben. Whhhuuuusch – weg.

Backpulver alle: Whhhuuuusch – weg.

Es wäre so schön. Reset per Mail oder WhatsApp. Früher ging das nicht.

Ich konnte mich wieder um meine anderen Probleme kümmern, um mein heiß geliebtes und ziemlich neues Fahrrad, ein petrolblaues, kompliziertes Teil aus Aluminium, Steckverbindungen und einem Riemenantrieb. Schmaler Sattel, top Schaltung, Scheibenbremsen, integriertes Licht und dabei unglaublich leicht. Ein Traum, auf dem ich durch die Gegend gedüst bin.

Ein paar Tage später klingelte mein Telefon. Auf dem Display stand *„Unbekannter Teilnehmer"*, bin aber trotzdem rangegangen. Am anderen Ende die Mensch gewordene gute Laune. „Haha, ja. Na klar können Sie." So fing unser Gespräch an. Ich fragte mich natürlich, wem ich meine Nummer gegeben habe und in was für einem Zustand ich gewesen sein musste. Warum werde ich angerufen?

Wer ruft einen heutzutage überhaupt noch an? Es gibt doch Mails! Und Nachrichtenkurzdienste. Und WhatsApp. Wie haben die Leute das früher im Wählscheibenzeitalter gemacht? Das Bakelit-Telefon, das gefühlt schon im Ersten Weltkrieg an der belgischen Front im Einsatz war, steht im Flur, das Kabel ist nur 1,5 Meter lang, der Hörer 18 Kilo schwer. Und dann wählt man eine Nummer – am besten noch eine mit Vorwahl. Insgesamt etwa 46 Zahlen. Das dauert ein paar Minuten und die Finger nutzen sich davon ab wie Tafelkreide. Uns viel telefonierende Teenies der

70er- und 80er-Jahre hat man an den sehr kurzen Fingern erkannt, abgeraspelt an der Wählscheibe und am schiefen Gang. Der kam von den verkürzten Halssehnen – vom Hörereinklemmen, wenn man diese ellenlangen Nummern aufschreiben musste. Damals wählte man sich sechzehn Stunden lang die Fingerkuppen ab, nur um dann das Tuten des Besetztzeichens zu hören. Nächster Versuch. Und noch einer. Nach vielen Neumonden und Winterschlussverkäufen ging ein genervter Vater ran und bundeswehroffizierte ins Telefon: „Schmidt!" Allein diese Stimme pulverisierte die Wirbelsäule, man sackte zusammen, dabei wollte man doch eigentlich so dringend die 14-jährige Nina sprechen. Aber das Knacken in der Leitung klang so, als würde im Hintergrund eine Schrotflinte durchgeladen.

„Ich – äh – äh – äh – äh ..."

Tuuuuut – Tuuuuuut – Tuuuuuut.

Ich wette darauf, dass viele Teenie-Romanzen so gar nicht erst entstanden. Wie viele Beziehungen wurden wohl durch Wählscheibentelefone verhindert? Wie viele Kinder nicht geboren? Wie viele Familienwagen nicht gekauft, wie viele Einfamilienhäuser nicht gebaut? Die leeren Liegen am Pool in Spanien – sind das die Mahnmale für verhinderte Ehen? Heute geht das ja ganz einfach. Tinder. WhatsApp. „Bock auf Poppen?" „Klar, komm rum, bring noch ein paar Freunde mit. Dann legen wir los. Wir streamen den Porno direkt ins Netz, unsere Lehrer gucken auch zu." „Gut, bis gleich."

Ich wusste immer noch nicht, wer da am anderen Ende war und so gute Laune versprühte. „Sie können nächsten Dienstag um 8:30 Uhr vorbeikommen. Adresse haben Sie ja, wir freuen uns auf Sie."

Hä?

Und plötzlich spürte ich diese Information in meinem Testikel. Es bimmelte im Hodensack. Klar. Der Urologe.

Frisch geduscht, ohne Frühstück, ein bisschen angeschwitzt von der Fahrt auf meinem petrolblauen Fahrrad, schlug ich pünktlich am nächsten Dienstag dort auf. Drinnen war alles wirklich sehr modern. Eine Mischung aus Raumschiff, Fashion-Store, Berliner Start-Up und ein bisschen Arztpraxis. Hinter einem Tresen aus Tropenholz standen modernste Computer, auf dem Tresen standen „ultimate relaxation"-verströmende Duftstäbchen. Die Mitarbeiter trugen weinrote Uniformen, das Wartezimmer war voll und mir flatterte eine Frage ins Ohr: „Das kleine Programm oder für einen Aufpreis von 189 Euro das große." Ich habe das große genommen, damit ich die komplette Gewissheit haben würde. Inklusive Ultraschall.

Nach kurzer Wartezeit in dem schaurige Gemütlichkeit verbreitenden Wartebereich wurde ich durch ein Labyrinth geführt und auf einen Stuhl geschnallt. Mir wurde eine Kanüle von der Größe einer Straßenlaterne in die Vene gerammt. Ungefähr 30 Liter abgezapftes Blut später schubsten sie mich in ein anderes Zimmer. Blass. Zittrig. Nass geschwitzt.

Die Tür wurde aufgerissen, hereingesprungen kam ein jung-dynamischer Arzt und jovialte: „So, herzlich willkommen beim Eier-TÜV. Erzählen Sie mal." Er gab mir die Hand. Kann aber auch sein, dass ich einer hydraulischen Rettungsschere mit einer Quetschkraft von 120 Kilonewton die Hand gegeben habe, so genau kann ich das nicht mehr sagen, aber die Abdrücke davon sind noch heute zu sehen.

Also erzählte ich ihm, dass es mir nicht gut ginge, dass ein Klassenkamerad aus der ersten Klasse Hodenkrebs hätte. Das braun gebrannte und energetische Modell Männlichkeit mir gegenüber stellte Fragen: „Zieht es beim Wasserlassen?", und: „Haben Sie etwas Ungewöhnliches ertastet?" Dabei schaute er nie auf mich, sondern nur auf das Klemmbrett vor sich und notierte mit einem hellblauen Kugelschreiber irgendwas darauf.

Bei der dritten Frage hat er mir ins Gesicht geguckt. Vielleicht hat er aber auch gezielt ... „Haben Sie gegoogelt?"

Meine Antworten waren: „Nein", „Nein" und „Äääh".

Sein Blick. Dieser Blick. Eine Mischung aus Wissen und Enttäuschung. Es war ihm klar. Ich war auch so einer. „Gut. Stellen Sie sich bitte hin – Sie kennen das noch von der Musterung. Bitte ziehen Sie die Hose runter." Er zog sich Latexhandschuhe an, die Handschuhränder knallten auf sein Handgelenk – und dann stand ich da. Mit runtergelassener Hose. „Husten Sie mal." Öchel. „Und jetzt gehen Sie zur Liege rüber." Wackel. Ich bin dann so rübergeschlendert, wie wenn man schnell zur Tür muss, weil es geklingelt hat, man aber gerade gemütlich auf dem Topf saß.

„Legen Sie sich bitte mal auf den Rücken."

Ich legte mich auf den Bauch.

„A-u-f d-e-n R-ü-c-k-e-n."

„Haha. Morgens höre ich noch nicht so gut."

„Ja. Und mich kosten Sie nur Zeit."

Ich lag da. Meine Augen zugekniffen, mein Glied wie eine welke Blume. Eine Lilie, die schon alle Blätter verloren hat. Schlaff, in sich gekehrt. Totes Fleisch, von weicher Haut umhüllt. Ein Soufflé, das implodiert ist. Dann hat er mir kalten Glibber auf den Bauch gespritzt und ist mit dem Ultraschallgerät da durchgefahren. Über meinen blassen Bauch, der aussieht wie ein Mozzarella, der vor ein paar Monaten hinter den Herd gerollt ist. Während er so rumglitschte, hat er auf den Bildschirm gezeigt, wo ich ein schlechtes Satellitenbild der Alpen sah. Auf eine kleine Bohne hat er gezeigt und gesagt: „Niere gut. Blase gut. Hier ist alles in Ordnung. Bitte drehen Sie sich auf die Seite."

Uuuuumpf.

Die U-Boote der Klasse 212 A sind die modernsten U-Boote der Deutschen Marine. Sie sind weltweit die ersten außenluftunabhängigen Boote, deren Antriebsanlage für Tauchfahrten auf Brennstoffzellen basiert. Ein U-Boot der Klasse 212 A ist 56 Meter lang, sieben Meter breit und elfeinhalb Meter hoch.

Und so eins wurde mir jetzt, nachdem es kurz in Vaseline getaucht wurde, rektal eingeführt. Als ich da lag, war ich ein schwitzendes, unterzuckertes Wrack mit einem U-Boot im Leib. Und genau in diesem Moment musste ich daran denken, dass ich ja am Vortag Lauchsuppe gegessen hatte.

Nachdem er noch ein bisschen in mir rumgewühlt hatte, sagte die fröhliche Stimme, dass bei mir alles in Ordnung sei. Er holte eine Rolle Haushaltspapier von 1941, kann auch Raufasertapete gewesen sein, dann durfte ich mir das Gleitgel am Hintern abwischen. Ich stand da, sprachlos mit heruntergelassener Hose, beschämt, mit Haushaltspapier in der Hand. Und er sagte nur: „Ist o. k. Machen Sie mal."

Dann habe ich mir vor seinen Augen den Hintern abgewischt. Es war furchtbar. Er sagte noch, dass ich mal meine Sitzposition beim Fahrrad überprüfen sollte. Das könnte eine Ursache für die Schmerzen sein.

Ein paar Tage später:

Ich gehe über den Wochenmarkt und sinniere über Lauch, als ich das Klackern von Radschuhen hinter mir auf dem Pflaster wahrnehme. Wir Radler erkennen uns daran. Ich blicke mich um und sehe einen groß gewachsenen Mann mit Radhelm, Radbrille, Radlerhose und Trikot. Unsere Blicke treffen sich, wir erkennen uns nicht sofort. Mein Poloch hätte seine Finger aber unter Hunderten wiedererkannt!

Das war unschön. Aber: Kein Hodenkrebs.

Das Fahrrad habe ich übrigens verkauft.

An dieser Stelle ein kleiner Tipp von mir an die jaulige Alte-Männer-Fraktion: Geht doch einfach ab und zu zur Vorsorgeuntersuchung, bevor aus albernen Sorgen große Probleme werden.

EINBRECHER

ZWEI MÄNNER TREFFEN sich, sie haben ihren Frauen gesagt: „Schatz, ich muss heute leider ein bisschen länger machen, habe noch Papierkram zu erledigen. Geht um einen Antrag von EU-Fördergeldern, dafür muss ich mich mit einem Anwalt treffen, der sich mit Fundraising auskennt und der in Antwerpen Anwalt für EU-Recht ist. Er ist nur heute in der Stadt und ich kann ihn in einem Motel an der Raststätte treffen, wo er übernachtet, weil er lieber mit seinem Auto fahren wollte als mit der Bahn. Sein neuer Wagen müsse mal ordentlich über die Autobahn gejagt werden, meinte er. Wir treffen uns in der Motel-Lounge und essen Currywurst-Pommes."

Oder die beiden erfinden irgendwelche anderen sehr komplizierten Ausredenkonstrukte. Sie lassen Grillabende bei den unbeliebten Freunden der Ehefrau sausen, was ihnen fast ein bisschen recht ist, weil es da meistens Gespräche über Fußball oder Fliegenfischen gibt. Sie planen wochenlang, kaufen sich im Bedarfsladen für Arbeitskleidung passende Klamotten, haben Unmengen in Handschuhe und gute Taschenlampen investiert.

Was sie allein dafür an Zeit verbraucht haben. Es dauert wahnsinnig lange, 5.883 Taschenlampen-Bewertungen im Internet durchzulesen. Wie sie in der Hand liegen, wie leicht sie sich mit Handschuhen an- und ausschalten lassen, wie die Linse das Licht streut. All die Erfahrungsberichte haben viele Abende verschlungen. Natürlich haben sie auch Stirnlampen ausgetestet. Sie waren diejenigen, die den Verkäufer im Hosengeschäft nach dem Raschelfaktor des Stoffes gefragt haben. Auf das Stirnrunzeln und die zusammengekniffenen Augen des Verkäufers antworteten sie, dass sie einen sehr geräuschempfindlichen Hund hätten. „Von der Cousine eines Kumpels. Der Hund ist neben einem Presslufthammer aufgewachsen und wird nervös, wenn es laut wird."

Auch hier sind ihre Ausreden sehr glaubwürdig.

Sie besorgen sich Schuhe mit einer quietschfreien Sohle und dunkle Mützen. Sie können sich so leise und unauffällig bewegen, dass Ninjas einen Fähigkeitenneid entwickeln. Sie haben sich mit Überwachungssystemen auseinandergesetzt, kennen jeden Kameratyp, jeden Erfassungswinkel von Bewegungsmeldern. Sie kennen sich perfekt mit Lockpicking aus, sie kriegen jedes Schloss auf. Brecheisen verachten sie. Sie leisten enorme strategische Arbeit, sie sind modern und elegant. Sie haben die Umgebung und die Umgebung der Umgebung perfekt ausbaldowert, haben jeden einzelnen Schritt mit der Sorgfalt eines Weltraumforschers geplant. Sie haben schon potenzielle Absatzmärkte ausgemacht, haben eine Gewinnanalyse erstellt. Sie sind wirklich perfekt vorbereitet.

Und dann kommen sie zu mir, weil sie wissen, dass ich nicht da bin. Sie dringen lautlos wie ein Windhauch ein. Sie schleichen durch mein Reihenendhaus, lassen die Blicke schweifen, bewerten, schätzen ab. Sie gucken sich an, schütteln langsam mit dem Kopf. Sind sie enttäuscht von meiner Backsteintapete? Gucken sie abfällig auf meine Schneekugelsammlung? Wird mein Bücherregal sie nicht interessieren? Ärgern sie sich, weil sie sich so lange vorbereitet haben? Wären sie lieber doch bei den unbeliebten Freunden der Ehefrau beim Grillabend, würden da trockenes Nackensteak in Barbecuesoße tunken und über Fußball oder Fliegenfischen reden?

Wenn ich zu Hause gewesen wäre, hätte ich ihnen ein Buch empfehlen können. Und das mit der Backsteintapete hätte ich auch erklären können. Die war nämlich schon da, als ich eingezogen bin. Ich hatte bislang einfach keine Zeit, das zu ändern.

„Was, wenn bei mir zu Hause Einbrecher sind, sie aber nichts mitnehmen, weil ihnen meine Sachen nicht gefallen?" ist tatsächlich eine meiner größten Sorgen.

Allein der Gedanke daran raubt mir manchmal die Nerven.

HOTELS

BERUFLICH BIN ICH einigermaßen häufig in Hotelzimmern in Deutschland, Österreich, der Schweiz, auch ab und zu in England, einmal auch in Italien. Ich komme echt gut rum. Bisher habe ich es noch nicht oft geschafft, in einem Hotel gut zu schlafen. Insgesamt kein einziges Mal, glaube ich.

Da ist das Bett: Die Bettdecken sind fachmännisch festgetackert, sodass man auf keinen Fall eine Möglichkeit hat, unter die Decke zu kommen. Die meisten Decken sind aus einem Material, das sich zu entzünden scheint, wenn es mit einem menschlichen Körper in Kontakt kommt. Aber oft ist da ja nicht mal eine Decke, sondern nur ein Laken, das mit einer extravaganten japanischen Faltmethode extrem eng am Bettrahmen befestigt ist. Oder es liegt eine elf Tonnen schwere Tagesdecke, geknüpft aus Borsten, Pferdehaaren und Stahlwolle, auf dem Bett. Wenn man es geschafft hat, darunterzukriechen, bekommt man es mit dem Kopfkissen zu tun. Nicht selten wird einfach ein Sack Zement aus dem Baumarkt genommen und in einen mit Wäschesteif gewaschenen Kopfkissenbezug gestopft. Dann liegt man da, als hätte man sich das Genick gebrochen – nicht gerade die beste Einschlafsituation. Ich finde es auch ein bisschen schwierig, mich in eine Bettdecke zu kuscheln, mit der eine Nacht zuvor ein ganz anderer Mensch gekuschelt hat. Kann man hier von Bettdeckenprostitution sprechen?

Oft begrüßt einen ein Handtuchschwan, der auf der Tagesdecke schwimmt und einen vorwurfsvoll ansieht. Gefaltet werden diese Frotteewesen ganz offensichtlich von Serienmördern, die das Tier in ihren anstrengenden Therapiesitzungen aus einem Handtuch formen müssen, während sie dabei ihre Taten beschreiben.

Da ist der Teppich: Ich bin mir sicher, dass es auf der Welt eine Gruppe von Psychopaten gibt, die Hotelteppiche entwerfen. Kann auch sein, dass es wütende, blinde Affen auf LSD sind, die für dieses hochflorige Gewebe verantwortlich sind. Natürlich erfüllen die Hotelteppiche allesamt die strengsten Sicherheitsauflagen, und doch können sie bleibende Schäden hervorrufen. Zum Beispiel wenn man sie zu lange ansieht. Oder barfuß drüberläuft.

Da sind die Fenster: Sie sind nur sehr selten zu öffnen. Mit etwas Glück kann man sie öffnen, allerdings gibt es dann eine hundertprozentige Baustellengarantie vor dem Fenster oder zumindest einen Innenhof, in dem besoffene Geschäftsmänner sich gegenseitig vollbrüllen, ob sie nun 12 oder 24 Gin Tonics hatten.

Kann man die Fenster nicht öffnen, bekommt man es mit einer Klimaanlage zu tun, die klingt wie eine alte Rüttelmaschine aus Manchester. Und man kann auf keinen Fall den Vorhang so schließen, dass das Zimmer dunkel ist. Die Vorhänge sind immer ein Stück zu kurz. Dabei handelt es sich bestimmt um eine geheime goldene Regel von Hotel-Innenarchitekten. „Die Vorhänge müssen 20 Zentimeter zu kurz sein, sodass es eine Lücke gibt, die der Gast nicht schließen kann."

Die Gebäudemanager von Hotels sind dafür verantwortlich, dass vor dem Fenster ein Flutlicht oder eine flackernde Neon-Reklame angebracht wird. Oder mindestens eine Straßenlaterne.

Da sind die Duschen: In keinem Hotel der Welt gibt es Duschen, die einfach einstellbar sind. Bei Hotelduschen sind nur diese beiden Extreme wählbar: Entweder man verbrüht sich, sobald man den Hahn aufdreht, oder man wird schockgefrostet. Entweder es tröpfelt mit vier Tropfen pro Stunde und es wäre ergiebiger, sich unter ein Blatt zu stellen und auf einen Tautropfen zu warten, oder man wird von einem irrwitzigen Wasserstrahl, der auch 60-mm-Stahlplatten teilen könnte, zerschnitten.

Tatsächlich aber sind es weder das Bett noch die Bettdecke,

Fenster, Dusche oder Teppich, die mich nicht schlafen lassen. Es ist das Konzept „Hotel". Hotels sind einfach nicht für mich gemacht.

Schon mal drüber nachgedacht, wo in einem Hotelzimmer die meisten Bakterien und Bazillen zu finden sind? Auf der Klobrille?

Nein. Sie lungern auf der Fernbedienung rum. Jederzeit absprungbereit. Deshalb schaue ich im Hotel niemals Fernsehen. Langweilig ist mir trotzdem nie, denn in meinem Kopfkino laufen die besten Gruselfilme, die schlagen jeden amerikanischen Blockbuster.

Es sind vor allen Dingen die Gedanken daran, wer direkt vor mir in dem Hotelzimmer gewesen ist. Das sind wirklich die gruseligsten Stellen in meinen Filmen.

War es eine exzentrische Schauspielerin, die sich für eine Rolle im experimentellen Mephisto-Stück mit einem halb verwesten Huhn auf dem Teppich gewälzt hat?

War es ein schüchterner Bankberater, der mal einen rauslassen musste und alles angepimmelt hat? Also zwanghaft jede erdenkliche Oberfläche mit der Eichel berühren musste?

War es jemand mit sehr schwerem Brechdurchfall?

War es ein Schwitzweltmeister? Waren es Wühlende? Besoffene? Verzweifelte? Verliebte, die schon in der Hotellobby übereinander hergefallen sind? 18-jährige Teenager, die einen romantischen Hoteltrip zu einem echten Porno werden lassen und alles vollschmieren? Und ich meine wirklich alles.

Ja, auch die Türklinken!

War es eine Madenzüchterin, die ihren Koffer mit den seltenen Maden unter dem Bett vergessen hat?

Hat sich jemand mit starkem Fußpilzbefall und Schuppenflechte am Ellenbogen den feuchten Schorf abgekratzt und im Teppich versenkt? Ist hier in diesem Bett jemand gestorben? Vielleicht gestern?

Darüber hinaus aber gibt es noch zwei besonders schlimme Hotelmomente für mich. Der erste: wenn ich einer Putzkraft auf dem Hotelflur begegne. Natürlich sage ich freundlich: „Hallo, einen schönen Tag!", und schäme mich dabei schon mal vor mich hin. Denn diese in der Regel sehr schlecht bezahlten Menschen wissen jetzt alles über mich. Sie müssen sich mit meinem Hotelzimmerleben auseinandersetzen. Und sie müssen jetzt mein Bett machen – mit dem Wissen, wie ich schlafe, wie ich wühle, wie meine Nacht war. Sie wissen, wie ich meine Klamotten hinlege. Sie wissen, wie ich meine Zahnbürste aufbewahre, was ich lese, wie ich meine Kabel aufrolle, wie ich meine Schuhe hinstelle. Wahrscheinlich halten sie mich für einen ausgemachten Psychopathen. Ich traue mich natürlich auch nie, irgendwelchen Müll im Mülleimer zu entsorgen, weil ich befürchte, dass auch der vom Putzpersonal analysiert wird. Also werde ich in jedem Hotel zu einem Müllschmuggler. Wenn ich an der Rezeption vorbeigehe, fühle ich mich wie ein Müllberg und habe jedes Mal Angst, dass gleich Möwen über mir kreisen.

Der zweite schlimme Moment ist, wenn ich aus dem Hotel auschecke und zur Rezeption gehe, um den Schlüssel abzugeben. Wenn mir beim Verlassen Menschen entgegenkommen, denke ich, dass das ja meine Zimmernachfolger sein könnten.

Was die wohl über mich denken mögen? Immerhin bin ich ja deren Vorgänger.

VORFREUDE

MIT DER VORFREUDE ist das ja auch so eine Sache ...
Sie ist das hinterlistige Arschloch unter den Gefühlen.
Da spart man beispielsweise jahrelang, nimmt vielleicht
sogar einen Kredit auf, erntet Kopfschütteln von Familien-
mitgliedern und stellt langjährige Freundschaften auf die
Probe, bis endlich der Traumwagen mit 530 PS vor der Tür
steht. Aber schon auf der ersten Fahrt steht man mit all den
anderen Normalos im Stau. Neben sich ein nichtssagender
Golf, vor einem ein Ford Fiesta für 450 Euro, der noch drei
Wochen TÜV hat. Na toll!

Da plant man die große Abenteuerreise mit dem Fahrrad,
besorgt sich Packtaschen, ein Zelt und eine Isomatte, die allein so teuer ist wie eine halbe Eigentumswohnung. Die Route
ist klar, alles ist so kristallklar wie das Ziel: der Bergsee. Man
sieht sich, wie man mit gestählten Waden vom Fernreiserad
steigt, hinter sich Tausende von Kilometern, wie man das
Zelt aufbaut, wie man ein kleines Lagerfeuer macht und sich
eine selbst gefangene Forelle grillt.

Was man nicht sieht: den Gegenwind, wie man sich gegen
diesen Wind anstemmt und ihn verflucht. Und den Regen.
Und die Mücken im Zelt. Und die Zeltnachbarn, die neben
einem sind und mit ihrer Boombox eine Chart-Party aus
den 90ern feiern. Dann liegt man da, hat viele Kilometer in
den Beinen und die Sitzfläche blutet und beim Gedanken an
das eigene Bett weint man sich in einen unruhigen Schlaf,
von dem man weiß, dass man eine Generalüberholung der
Wirbelsäule braucht, wenn er beendet ist. Darauf hatte man
sich irgendwie nicht so gefreut.

Da stapft man über ein Stück grüne Wiese, das mit Flatter-
band eingezäunt ist, verschuldet sich über Generationen,
plant alles komplett durch, baut sein Traumhaus. In dem man
dann schweigend und traurig hockt, weil man realisiert, dass
man eigentlich eine Surfschule in Portugal aufmachen wollte.

Da gibt es auch Frank, mit dem ich mal zusammengearbeitet habe. Er hat mit Ende 20 noch bei seiner Oma gewohnt und konnte einen Liter Bier auf ex trinken. Frank hat sich vorgestellt, wie er am Strand von Venice Beach langläuft, angeschwitzt, mit nacktem Oberkörper, und wie er dann in der Halfpipe einen unfassbaren Trick steht. Sein Tattoo glänzt in der Sonne, man möchte sein Tattoo vom Fleck weg heiraten und ihn dazu. Weil er verwegen ist, weil er Frank ist. Dann hat auch er eine große Sache geplant, voller Vorfreude.

Voller Vorfreude hatte er sich sein Tattoo, angetrieben von genau dieser Vorstellung, selbst auf den Oberarm gestochen, auf einer holprigen Überlandfahrt im Bus von Flensburg nach Münster, im Dunkeln, mit einer stumpfen Nadel und blauer Tinte. Er hat in der letzten Reihe auf der durchgesessenen Sitzbank gesessen. Busse schaukeln hinten wirklich am meisten. (Wer sich die Auswirkungen von „Achtung, Heck schwenkt aus" mal ansehen möchte, muss sich nur das Tattoo von Frank angucken.)

Das Ergebnis: etwas, das aussieht wie die Mischung aus einer Frikadelle und einem Einschussloch. Als erschossene Frikadelle hätte man sein Motiv also durchgehen lassen können. Aber nicht unbedingt als:

„Das ist Big Chief, ein stolzer Apachen-Häuptling."

Nun.

Ich selbst habe seit jeher den unbändigen Wunsch nach einem Oldtimer. Ich stelle mir vor, wie ich gedankenverloren über einsame Straßen fahre, wie ich komplett entspannt bin und jeden Meter, jede Sekunde genieße, alle Sorgen vergesse.

Die wahrscheinliche Wirklichkeit wird aber so aussehen: Da ist irgendein Klappern, das mich denken lässt: „Ich bleibe nach der nächsten Kurve garantiert liegen." Und wenn nichts klappert, frage ich mich, wieso jetzt nichts klappert, und denke: „Warum klappert das nicht?!?! Das kann doch nicht normal sein!" Oder ich denke, dass ich mit dem nächsten

Tritt aufs Gaspedal eine Tierart ausrotte und die Klimakatastrophe befeuere.

Es ist ja nicht so, dass ich Dinge nicht genießen kann. Aber die Diskrepanz zwischen Vorstellung und Realität ist eigentlich immer so groß, dass sie unweigerlich zu Enttäuschungen führt. Ich versuche, die Erwartungen kleinzuhalten. Und ich versuche, meine Fantasie zu zügeln. Hin und wieder setze ich mich auf irgendeine Parkbank und freue mich über all die Sachen, die ich nicht habe. Dann stört mich auch nicht, dass nichts klappert.

Und dann weht der Wind eine BiFi-Roll-Verpackung vorbei, spontan ergreife ich die Chance, hebe sie auf und werfe sie in den Müll. Einfach so. Ohne lange Vorfreude. Ohne dass ich mir stundenlang vorstellen konnte, wie erhaben das Gefühl wohl sein wird, herumliegenden Müll heroisch in den Mülleimer zu stopfen.

Ich nehme mir einfach vor, häufiger mal Sachen zu machen, die nicht von langer Hand geplant sind.

Wobei das ja auch schon wieder ein Plan ist.

Menno!

WENN EINEM SEIN EIGENES SPIEGELBILD PEINLICH IST – GEHT DAS DANN EVENTUELL SCHON ALS FREMDSCHÄMEN DURCH?

Sorge No. 2975681

APPLAUS

MENSCHEN KLATSCHEN GERN: auf Konzerten, in Theatern, bei Vorführungen in der Grundschule, bei Familienfeiern, auf Straßenfesten, bei Sportveranstaltungen, bei irgendwelchen Ehrungen, bei Mondlandungen, beim Mückenjagen, in Flugzeugen nach der Landung. Menschen applaudieren. Weil Menschen klatschen, wenn sie klatschen können. Klatschen ist international und wird in jedem Land verstanden. Ich selbst klatsche nicht besonders gern, nicht mal auf den Konzerten meiner Lieblingsband, weil ich mich immer frage, welche Form des Klatschens angemessen wäre. Außerdem fürchte ich mich vor übertriebenem Handinnenflächenverschleiß.

Laut Wissenschaft unterscheidet man in vier Arten des Klatschens: Flachhandklatschen, Hohlhandklatschen, Rückhandklatschen und Brunnenklatschen. In Wirklichkeit jedoch gibt es aber so viele Arten des Klatschens, wie es Fingerabdrücke gibt. Klatschen ist einzigartig. Und Klatschen ist manchmal auch sehr seltsam. Hier kommen ein paar Klatschtypen.

Der unrhythmische Klatschidiot: Die Zunge schräg, die Lippe zerbissen schaut er in die Menge und versucht, sich einen Takt anzueignen. Klappt nie. Er fängt zu früh an zu klatschen und hört zu spät auf. Wenn auf zwei geklatscht wird, klatscht er auf 0,78 – 1,324 – 0,5 – 1,44 – 0,94.

Der Streber: Er klatscht, als würde es Noten dafür geben. Er muss (muss!) als Erster klatschen. Er hasst es, wenn man ihm auf die Finger guckt, um sprichwörtlich abzuklatschen. Sein Blick: „Guckt mal alle her, wie ich klatschen kann! Und ich habe gar nicht geübt!" Ab und zu kommt es vor, dass er nicht klatscht, sondern mit den Fingern schnippt und sagt: „Ich weiß es! Ich weiß es!"

Der Schneeballklatscher: Er ist geistig nicht bei der Sache, wünscht sich an einen anderen Ort. Gern sitzt er auf seiner

Fantasiereise mit Thermohose im Schnee und wühlt in der pappigen Masse, die er zu festen Kugeln formt. Sein Blick zeigt pure Abwesenheit, seine Klatschgeräusche sind ein dumpfes Ploppen.

Der „Mach-mal-zu-ich-habe-zu-tun!": Die uhrtragende Hand ist die klatschgebende Hand. Der Blick dieses Klatschtypen wandert mit jedem einzelnen Klatschen auf die Uhr. Die Augen werden verdreht, dieser Mensch rechnet nicht in Hochgefühl oder Anerkennung, sondern in Zeitverlust. Denn Zeit ist ja Geld.

Der Unentschlossene: „Joa, soll ich, soll ich nicht? Jetzt? Erst mal die anderen? Ich warte noch ein bisschen – jetzt aber. Ach nee, doch lieber nicht." Der Unentschlossene zeigt eigentlich nur die Zentimeterabstände zwischen seinen beiden Handflächen an. Hoch konzentriert (ver)zögert er sich bis zum Veranstaltungsende und jammert dann doch noch einen raus. Richtig schlimm sind diese Menschen im Straßenverkehr, wenn es darum geht, sich per Reißverschlussprinzip irgendwo einzureihen. Oder an einer Straße abzubiegen. Sex ist mit solchen Menschen auch irgendwie – äh – na ja.

Der Stauner: Dieser Klatschtyp lässt sich mitreißen. Vor lauter Staunen über das Dargebotene vergisst er das Klatschen komplett. Nicht selten hat dieser Mensch den Mund offen. Früher hat er mit vor Begeisterung offen stehendem Mund vor einem Betonmischer gestanden oder dem Eisverkäufer zugeguckt. Der Stauner hat oft Zähne mit einem leichten Gelbstich.

Der Das-kann-ich-auch-Klatscher: Erkennbar am leichten Kopfnicken, den hochgezogenen Augenbrauen und dem verbitterten Lippenspiel klatscht er höchstens drei Mal. So leise, dass das Klatschen nicht auffällt und noch vom Augenrollen übertönt wird. Häufig auf Theatervorführungen von Grundschülern anzutreffen.

Der unhygienische Bazillenklatscher: Er kommt vom Klo, hat sich unterwegs noch schnell eine Pommes mit Mayo geholt und verteilt klatschend Pommes-Gewürz, Mayo und Toilettenbazillen im Umkreis von bis zu acht Metern. Er lutscht sich zwischen zwei Klatschern gern noch die Finger ab und ist später häufig dabei zu sehen, wie er mit seinen Fingern im Gesicht anderer Menschen rumfuchtelt. „Du hast da was."

Der Johler und Pfeifer: Nein, Klatschen reicht nicht. Es muss laut und unangenehm sein. Hätte er einen Laubbläser dabei, würde er ihn anstellen. Hätte er einen Generator und eine leistungsstarke Musikanlage mit 20.000 Watt dabei, würde er sie anstellen. Er klatscht wie irre, johlt dabei und kann ohne Finger schrill pfeifen. Mit diesen Pfiffen kann man Menschen aus dem Koma holen. Der Johler und Pfeifer hat oft auch übertrieben viel Weihnachtsbeleuchtung am Haus.

Der cholerische Peitschenklatscher: Er peitscht die vier Finger der Klatschhand mit bis zu 300 km/h auf den Handteller seiner anderen Hand. Das Ziel sind mindestens 120 Dezibel. Der Peitschenklatscher ist wütend-durchtrainiert und sucht ganz, ganz dringend Aufmerksamkeit. Ist gern um die 50 und kommt nicht selten aus dem mittleren Management.

Der Falschparkeraufschreiberklatscher: Die Augen wandern von links nach rechts. Er beobachtet alles und jeden und registriert jedes einzelne Klatschgeräusch. Sobald jemand danebenliegt, gibt es einen virtuellen Strafzettel.

Und es gibt noch mindestens acht Milliarden weitere Arten.

Wenn ich klatsche, explodieren in der Sekunde zwischen zwei Klatschern regelmäßig meine Gehirnzellen. Dann denke ich, dass ich gerade jeder einzelne dieser oben aufgeführten Klatschtypen bin, und zwar innerhalb eines kurzen Applauses. Außerdem frage ich mich, ob das Kribbeln in der Hand der beginnende Handinnenflächenauflösungsprozess ist.

In der übernächsten Sekunde denke ich dann, dass es vollkommen egal sein sollte, wie man klatscht, aber nicht, wofür.

Man klatscht zum Beispiel auf keinen Fall für Faschisten und Rassisten.

Das hatten wir schon – das geht nicht gut aus.

TEE

ICH BIN MIT drei Teesorten aufgewachsen: Pfefferminze (gab es zum Beispiel nach dem Rodeln, wenn mir kalt war, also ungefähr zwei Mal im Jahr), Kamille (wenn mir schlecht war, also ungefähr vor jeder Mathearbeit) und Kaffee (ist zwar kein Tee, aber der wird in meiner Familie wie Wasser getrunken). Tee ist also in meinem Kopf mit „Schulbauchweh" oder „Mir ist so kalt, dass ich meine Beine nicht mehr spüre" verbunden. Ab und zu habe ich aber tatsächlich Lust, einen Tee zu trinken. Einfach so. Aber auch weil ich Lust auf ein Heißgetränk habe, aber mal was anderes als den dritten Liter Kaffee in mich reinschütten möchte.

Ab und zu gehe ich also in den Supermarkt und stelle mich auf der Suche nach Tee vor ein Teeregal. Irgendwie ist aus dem Teeregal eine Mischung aus Las Vegas, Lebensberatung, Indoorspielplatz und Shopping-TV geworden. Es gibt Wohlfühltee. Es gibt Relax-Tee. Es gibt Wohlfühlund-Relax-Tee. Es gibt Kuschel-dich-auf-dem-Sofa-ein-Tee. Es gibt Mach-mich-glücklich-und-leicht-Tee. Es gibt Hab-gute-Argumente-bei-Gehaltsverhandlungen-Tee. Es gibt Parkschaden-ist-doch-nicht-so-schlimm-Tee. Es gibt Lass-deine-Fingernägel-wachsen-Tee. Es gibt Yoga-Übungen-die-ich-bisher-noch-nicht-geschafft-habe-Tee. Es gibt Lakritz-Süßholz-Birkenrinden-feel-good-but-not-too-good-Tee. Es gibt Feel-like-bei-deinem-ersten-Konzert-Tee. Es gibt Spaziergang-im-Wald-und-unter-dir-knacken-die-Äste-Tee. Es gibt Badewanne-mit-Schaum-Tee. Es gibt Streichle-eine-Kuh-Tee. Es gibt Ostfriesenwitze-besser-verstehen-Tee. Es gibt Splitter-im-Finger-soll-ich-mal-pusten-Tee. Und es gibt Wo-stehen-eigentlich-meine-Hausschuhe-Tee.

Zumindest so was in der Art. Viele Teesorten scheinen aus den Restbuchstaben von Scrabble zu bestehen. Zusammengewürfelte Gefühle zum Aufbrühen. Was es nicht mehr gibt: einfach nur Tee.

Teesorten im Teeregal sind noch schlimmer als die schlimmsten Frisörnamen. Teesorten üben Druck aus, denn viele der Gefühle waren mir bisher nicht bekannt. Ich stehe vor einem Teeregal und fühle mich unvollkommen. Alles ist kompliziert, immer werden einem Entscheidungen abverlangt. Und auch der gute alte Pfefferminztee ist nicht mehr so simpel, wie er mal war. Mittlerweile muss man sich zwischen arabischer Minze, englischer Minze, Paderborner Minze, minziger Minze, nicht so minziger Minze, Minze-Minze und doppelter Minze entscheiden. Es ist zum Verzweifeln.

Liebe Teeindustrie, eine wirklich sinnvolle Teesorte wäre: Ist-dir-das-auch-alles-zu-viel? Kannst-dich-nicht-entscheiden? Nimm-einfach-diesen-Tee-hier-Tee.

Vielleicht geht es nur mir so, aber ich glaube tatsächlich, dass Wohlfühltee Beklemmungen hervorrufen kann.

Oder bin ich zu anspruchslos?

Darüber muss ich mal nachdenken, am besten bei einem Tee.

Jetzt müsste ich nur noch kurz herausfinden, was für einen Tee man zum Über-Tee-Nachdenken trinkt. Meta-Tee?

JETZT HAB ICH SOGAR SCHON VERGESSEN, WORÜBER ICH MIR KEINE GEDANKEN MACHEN WOLLTE.

Sorge No. 4268792

AVOCADOS

DIE AVOCADO, AUCH Butterfrucht genannt, ist der amerikanische Straßenkreuzer unter den Früchten. Außergewöhnliche Optik mit 5-Liter-V8 und einem Verbrauch von 30 Litern auf hundert Kilometer. Tatsächlich braucht man, um ein Kilogramm Avocados zu züchten, mehr als 1.000 Liter Wasser. Ungefähr die Menge Wasser habe ich neulich geschwitzt, als ich kurz gedacht habe, dass ich vielleicht nicht modern genug bin für die Avocado. Denn im Gegensatz zu dem Straßenkreuzer gilt es als sehr zeitgemäß, Avocados in jeder Lebenslage zu verzehren. Bin ich aus Sicht einer Avocado etwa nur eine schrumpelige, langweilige Kartoffel?

Na ja. Es ist vielleicht ganz nett, aber eigentlich auch vollkommen irre, Avocados zu essen. Zumindest, wenn man nicht im Herkunftsland wohnt. Auf selbst gebackenem Sauerteigbrot zerdrückt schmecken Avocados nach einem cremigen Glitsch. Man muss sie salzen, pfeffern und mit Tomaten garnieren, damit eine Avocado nach etwas schmeckt. Nämlich nach Salz, Pfeffer und Tomate.

In Mexiko, Kolumbien oder Peru, mittlerweile auch in Südafrika, Spanien, Israel oder Italien, werden sie aufgezogen und geerntet. Bevor sie richtig reif sind, werden sie vom Avocadobaum gepflückt, in einen Container gepfercht und über den Ozean geschippert. Die Überfahrt dauert mehrere Wochen – und so ein Container hat kein Fenster!

Können Avocados seekrank werden?

Wenn sie aus Italien oder Spanien kommen, tuckern sie über die Autobahn und lassen sich von unangenehmen Dränglern in schwarzen Audis anhupen. Auch nicht schön.

Angekommen im Bestimmungshafen, werden sie in einer Großmarktlagerhalle gelagert, damit sie nachreifen. Warten, warten, warten. Und das im zarten Teenageralter.

Sind Avocados geduldig?

Ihr Aussehen erinnert ein bisschen an Handgranaten. Sie landen irgendwann im Supermarkt im Emsland oder Berlin und werden von Foodlovern gekauft. Connaisseure und Leute mit Ahnung greifen zu. Die Früchte werden an Ort und Stelle geprüft und mit den Avocados verglichen, die man im Internet gesehen hat. Dann wird überlegt, ob man sie haben will oder nicht. Avocados werden tatsächlich noch härter bewertet als die Models von Heidi Klum.

Wenn sie dann im Einkaufswagen gelandet sind, werden sie am Ende von einer Kassenkraft über den Scanner gezogen. Gedanklich hängen sie aber noch am Baum. Hektisch werden sie in einen Jutebeutel oder einen Rucksack aus Meeresplastik gestopft und dürfen dann wieder in einer Obstschale oder im Kühlschrank nachreifen.

Das Zeitfenster zwischen „viel zu hart!" und „örks!" ist unheimlich klein. Es kann sein, dass man die Kühlschranktür aufmacht, die Avocado anguckt und sie hart wie ein Beton-Ei ist. Sobald man aber die Tür zuschlägt und die Kühlschrankgummilippen sich schmatzend am Metallgehäuse festsaugen, kommt es zur spontanen Blitzreifung. Beim nächsten Mal Reingucken ist die Avocado dann nur noch ein einziger Klumpen Matsch.

Wenn man Besuch von Freunden hat und eine Guacamole macht, mit der man schön angeben will, bildet sich auf der grünen Masse eine poröse Kautschukhaut mit braunen Rändern. Dann sieht das Schälchen Guacamole ganz schnell aus wie eine Schüssel Gelenkfett aus dem Hobbykeller.

Sind Avocados vielleicht einfach nur rachsüchtig?

Sie landen dann, egal ob zermanscht und mit Zitronensaft angerichtet oder im Ursprungszustand belassen, im Müll. Oder, wenn es gut läuft, im Kompost. Dafür sind sie Tausende Kilometer gereist worden?

Die Bezeichnung „Avocado" geht übrigens auf das Nahuatl-Wort ahuacatl zurück, das auch „Hoden" bedeutet. Die Avocado ist also eine Hodenfrucht.

Vielleicht hilft dieses Wort, die Umwelt ein bisschen zu schützen. Ich kann mir jedenfalls nicht vorstellen, dass man auf einer Party sagt: „Du, Klaus, guck mal, hier ist cremige Guacamole von der Hodenfrucht. Nimm dir doch eine Gabel davon und schmier es dir auf dein Sauerteigbrot."

Leben ist wie Schienenersatzverkehr: Umwege, Verzögerungen, miese Laune. Alles wegen einer Ansage von oben.

Sorge No. 3135758

ALTERN

HEUTZUTAGE VERRATEN EINEM nicht mehr unbedingt die Falten im Gesicht das Alter des Gegenübers. Oft sagt die Gesichtshaut nur etwas darüber aus, ob die Nacht gut oder nicht so gut war oder wie anstrengend die Woche gewesen ist.

Es gibt immer mehr Anti-Aging-Programme, die Angebotspalette reicht von mikro-ästhetischen Behandlungen, bei der mit einer sanften Unterspritzung die Haut gewölbt wird, über Füllspachtel bis zum 45er Revolver.

Viele Menschen stemmen sich regelrecht gegen das Altern – dabei ist Altern gar nicht mal so schlecht und ein eher natürlicher Prozess. Altert man irgendwann nicht mehr, ist das nur ein eindeutiges Zeichen dafür, dass man tot ist. Von daher ist Altern doch super. Oder?

Die Verschleißerscheinungen wie immer schlechter werdende Augen, ein schmerzender Rücken oder ein angeknabbertes Ego, weil fremde Kinder auf einen zugerannt kommen und rufen: „Du siehst aus wie mein Opa!", sind im All-inclusive-Paket „Mensch sein" enthalten. Muss man irgendwie mit klarkommen.

Alter ist ein echtes Tabuthema. Kein Wunder! Drinnen fühlt man sich oft sehr jung, während draußen am Kadaver das welke Fleisch in Faltenlappen vom Körper abhängt und im Wind flattert. Eigenwahrnehmung und Fremdwahrnehmung pendeln oft zwischen Weintraube und Rosine.

Man kann das Alter von Menschen oft nur schätzen. Ich bin da natürlich richtig schlecht drin. Schon früher in Mathearbeiten habe ich Ergebnisse geschätzt und das hat eigentlich nie besonders gut hingehauen. Das Alter von jemandem zu schätzen ist auch nicht viel einfacher, als die horizontale Asymptote auf der y-Achse eines Koordinatensystems zu bestimmen. Mir steht regelrecht der Angstschweiß auf der Stirn, wenn es darum geht, das Alter eines Menschen zu bestimmen, eben weil man da nur danebenliegen kann. Das sind 1a-Mathegefühle für mich. Sorgen ohne Ende.

Es kommt einfach nicht gut an, einem 28-Jährigen zu sagen, dass man ihn für 55 hält. Umgekehrt ist auch doof.

Weil die Gesellschaft zwar immer älter wird, aber durch bunte Klamotten und Trendsportarten immer jünger wirkt, weiß man oft nicht genau, ob man es gerade mit einem alten Menschen in eng sitzenden Acrylklamotten zu tun hat, der die Jugendwörter von 1998 – 2022 vor sich hinplappert, oder mit einem jungen Verhaltensrentner.

Ich habe meine Hausaufgaben gemacht und mal ein paar Anzeichen dafür aufgeschrieben, dass man wirklich altert. Oder ob man vielleicht auch ein hoffnungsloser Verhaltensrentner ist. Oder beides.

- Man denkt: „Ach, das ist ja auch echt spannend!", und verbringt 90 Minuten mit einer im Regionalfernsehen versteckten Dokumentation über Töpferkurse. An einem Samstag. Im Hochsommer. Während alle anderen unterwegs sind und die Bars, Kneipen und Baggerseen unsicher machen.

- Man beginnt, ein ausgewachsenes Interesse für Kniffel und für Usambaraveilchen zu entwickeln. Außerdem kennt man die Vor- und Nachteile verschiedener Versicherungsprodukte.

- Der Körper macht unkontrollierbare Ächz-Geräusche beim Hinsetzen.

- Irgendwann entfährt einem der erste Bückfurz. Der erste ist noch lustig, irgendwann nervt es nur noch. Und wenn es zu einer Dauerinstitution wird, geht man sogar zum Arzt.

- Ärzte sind plötzlich nicht mehr alte Kittelopis mit grauem Haarkranz, sondern Szenemenschen, die man in der Disco bestimmt nicht angesprochen hätte.

- Man redet von zerlebten 40-Jährigen und beschreibt diese mit „junge Frau" oder „junger Mann".

- Man geht viel bewusster mit dem Salzstreuer um.

- Irgendwann hängt man sich Meisenknödel ans Fenster, kann das Trompeten von Kranichen einordnen und weiß, was eine Teichralle ist.

- Man ist anfällig für Sehnenscheidenentzündungen. Vom Scrollen, wenn man im Internet sein Geburtsjahr angeben muss.

- Man ist anfällig für Sehnenscheidenentzündungen. Vom Scrollen, wenn man im Internet sein Geburtsjahr angeben muss.

- Man erzählt dieselben abgegriffenen Geschichten gern zweimal.

- Die Witze waren auch schon mal besser.

- Man schreibt einen Text über das Altern und nutzt in diesem Text ca. 830 mal das Pronomen „man", um bloß ein bisschen Distanz zum Thema aufzubauen.

Es ist eigentlich vollkommen egal, wie alt man ist, wenn man es schafft, ab und zu ein bisschen froh und glücklich zu sein. Ich bin zum Beispiel wirklich froh, diese Zeilen zu Ende gebracht zu haben und zu wissen, dass ich dabei wieder ein paar Minuten älter geworden bin.

Und du?

WIR LASSEN UNS
MIT KINDERN NOCH
EIN WENIG ZEIT,
BIS DIE WELT
VERNÜNFTIGER
GEWORDEN IST.

TIL

BANDS

DA SITZT EINE Band in einem schimmeligen Übungsraum in einem abgerissenen Bunker, an den Wänden kleben Eierkartons, es ist kalt und dunkel. Der Teppich stinkt nach Bier, Rauch und schiefen Tönen.

Die Band probt, diskutiert über Einsätze, über Fillings, über das richtige Maß Hall und Verzerrung. Immer und immer und immer wieder wird dieser eine, dieser besondere Song geübt. Er hat Potenzial!

In den Songpausen werden Frequenzen diskutiert. Und die Dicke der Saiten. Es werden sogar eigene Effektgeräte gelötet und ausprobiert. Anschließend wird der Song noch einmal geübt. Und noch mal.

Und dann noch mal.

Und wieder.

Im Nacken immer der mies gelaunte Vermieter, vertane Chancen und die Frage, wie man die nächste Miete zusammenbekommen soll.

Und es wird weitergeübt. Auch im Sommer, wenn draußen 30 Grad sind. Während alle anderen im Park liegen, steht die Band lieber im Raum. Blasse Beine und mit einer dicken Hornhautschicht überzogene Fingerkuppen sind die Folge. Man könnte jeden einzelnen Menschen dieser Band mit dem ersten Takt dieses Songs aus dem Koma holen, so eingebrannt ist der Song. Wahrscheinlich wird die Fähigkeit, diesen Song zu spielen, auch weitervererbt – weil er durch das viele Üben fest in der DNA verankert ist. Ein Automatismus, der so ist wie Atmen.

Dieser eine Song ist mitreißend – nicht zu komplex, man merkt ihm an, dass er organisch gewachsen ist – die Leute lieben ihn. Erst haben ihn ein paar Leute im Probenraum zu hören bekommen. Dann kamen immer mehr dazu, irgendwann wurde es ein kleines Konzert. Dann noch eins. Und noch eins. Dann kamen Plattenbosse und irgendwelche abgeranzten Musikmanager dazu. Die Konzerte wurden mit der Zeit größer. Jetzt stehen da Leute im Publikum, die eigentlich nur wegen dieses einen Songs angereist sind. Die Band ist einen Pakt mit dem Teufel eingegangen, muss diesen Song immer und immer wieder spielen. Und sie spielen ihn. Erst als Opener, dann irgendwann als Zugabe. Und weil alles so automatisch abläuft, kann die Band sich selbst beobachten, der Drummer kennt den Augenaufschlag des Bassisten beim vierten Ton auswendig. Der Gitarrist weiß, wie der Drummer beim zweiten Takt sitzt und was er denkt. Und der Bassist weiß, dass der Gitarrist jeden einzelnen Ton an diesem Song abgrundtief hasst und ihn nur spielt, damit die Band zusammenbleibt. Sie kennen sich und ihre Gefühle, stehen da für sich nackt bis auf die Nervenstränge. Nur weil sie sich und den Song so gut kennen, können sie auch das Publikum beobachten.

Und das tun sie. Das erklärt vielleicht auch, warum einige Bands so mies gelaunt aussehen, wenn sie da oben stehen und grimmig ins Publikum gucken. Es könnte natürlich die Konzentration oder eine meditative Entspannung sein. Es kann aber auch sein, dass die Band etwas denkt wie:

„Oh nee, jetzt bewegt sich wieder einer nicht im Takt!"

„Aaaaah! Nicht hingucken!!! Er packt die Luftgitarre aus!"

„Oh Scheiße! Die da vorne fängt gleich an zu singen!"

Wenn ich auf einem Konzert stehe, sie „mein" Lied spielen und ich die Band ansehe, denke ich oft, dass ich der wahrscheinlich peinlichste Konzertbesucher von allen bin, weil ich bestimmt „Zuuuuugaaaaaabe" kreische, obwohl das Lied noch nicht mal vorbei ist, weil ich mich ungeschickt bewege und jemandem auf den Fuß trete, weil ich genau in der Sekunde, in der es mucksmäuschenstill ist, sehr laut zum Nebenmann sage: „Na ja, die waren aber auch schon mal besser."

Dann stehe ich da und denke: „Was, wenn mein Lieblingssong mich richtig bescheuert findet?"

AUSSPRACHE

GIBT ES EIN Fachwort für die Sorge, Dinge falsch auszusprechen? Falls ja, wie spricht man das aus?

Es ist mir ja immer wieder ein bisschen unangenehm, Dinge falsch auszusprechen. Zum Beispiel gibt es allein 27 Arten, das Wort „Vanille" zu sagen. „Wanille", „Wanüllje", „Fannih", „Wannüh" sind nur einige davon. Was davon ist richtig, was falsch? Wenn irgendwo in einem Rezept „Bourbon-Vanille" steht, ergeben sich daraus ja mehrere Tausend Kombinationsmöglichkeiten. „Burboh", „Börbn", „Bürrrrrbänn", „Burb on!" sind die gängigsten Arten. Viele Hirnrinden gehen daran kaputt. Meine schmilzt dann am Rand. Oder sagt man schmülzt? Schmelzt?

Hm. Und es gibt noch so viele andere Möglichkeiten, Worten einen neuen Klang und damit auch eine völlig neue Bedeutung zu geben. „Wörtschester Sohse" zum Beispiel. Oder „Knotschi". Oder „Matschaadoh". Wer bestellt sich nicht gern als Vorspeise ein „Bruh Schedda"? Und wer sprüht sich nicht auch mal ein bisschen „Pafföng" ins „Dehkohte"?

Markennamen werden ja besonders häufig neu ausgesprochen. Die neue Klamotte von „Gukki", die Tasche von „Luis Vittong" oder dieses eine Teil von „Giwennschih". Darauf einen „Düjadänng", mitgebracht aus „Börminghämm".

Auch wenn man Menschen, die Dinge anders aussprechen als wir, belächelt, sind doch gerade diese kleinen Sonderheiten kleine Sahnehäubchen und Zuckerkügelchen auf dem verbalen Einheitsbrei, der uns den ganzen Tag so aus dem Mund flutscht. Öfter mal was Neues. Wo man allerdings echt aufpassen muss, ist, wie man im Internet spricht. Gerade in Kommentarspalten wird sehr häufig aus einem „Ich hab echt keine Ahnung von dem Thema, ich mach mich mal schlau und denk noch mal drüber nach" ein „Halt dein dummes Maul, dich kriegen wir auch noch!". Mit Leuten, die so reden, trinkt man lieber keinen „Protzettschio".

MACKEN

„DU BIST AUCH nicht ganz normal!", bekomme ich nicht selten zu hören. Ich finde mich selbstverständlich völlig normal, weil ich ja den ganzen Tag mit mir abhänge und mich an mich und mein Verhalten gewöhnt habe. Trotzdem erwische ich mich häufig dabei, wie ich mich frage, ob ich ganz normal oder nur halb normal bin. Wenn ich halb normal bin, bin ich ja automatisch halb nicht-normal. Wer gibt eigentlich vor, was normal ist? Ist es normal, anderen vorzugeben, was normal ist?

Ich habe doch nur ein paar kleine Macken. Kleine Features, wie sie jeder hat.

So muss ich beispielsweise immer meinen Haustürschlüssel berühren, sobald ich an mein Zuhause denke. Ebenso befinde ich mich in einer für mich unerträglichen Situation, wenn ich irgendwo auf Klo sitze und das Toilettenpapier falsch herum hängt, also mit der abzurollenden Seite Richtung Wand. Das muss ich unbedingt ändern. Das sind aber nur die kleinen Anfängermacken.

Schwerwiegender wird es, wenn ich eine Puppe auf dem Boden liegen sehe. Dann muss ich das arme Ding irgendwo positionieren, wo es gemütlich liegen kann. Aber wehe, die Puppe hat Klappaugen! Die müssen geschlossen sein! Gucken mich diese starren Augen an, verarbeite ich den Blick in meinen Träumen. Und das ist meist nicht schön.

Selbstverständlich muss ich auch abgestellte Fahrräder, die schräg stehen oder umgekippt sind, hinstellen. Egal ob am Bahnhof oder wo auch immer. Fahre ich mit dem Auto daran vorbei, suche ich mir einen Parkplatz, gehe zu dem Fahrrad und stelle es wieder auf. Wenn ich jemanden im Auto sitzen habe, der das von mir nicht kennt, entschuldige ich mich mit: „Gehört einem Freund." Stelle ich das umgekippte Fahrrad nicht auf, fühle ich mich schlecht. Sehr, sehr schlecht.

Ich kenne eine Frau, für die der Zigarettenanzünder im Auto immer so gedreht sein muss, dass das kleine Zigaretten-symbol darauf waagerecht ausgerichtet ist. Nicht nur im eigenen Auto, auch bei anderen. Natürlich auch im Taxi. Ist schon sonderbar, wenn man die Frage nach „Wohin?" mit „Zum Hauptbahnhof – und können Sie bitte den Zigaretten-anzünder um 30 Grad nach rechts drehen?" beantwortet. Wenn der Taxifahrer es nicht macht, steigt die Frau aus und nimmt sich ein anderes Taxi. Da ist sie konsequent.

Mir haben Leute geschrieben, die versuchen, ihre Schu-he gleichmäßig abzulaufen. Sind sie mit der linken Sohle irgendwo langgeschubbert, muss das mit der rechten Sohle auch gemacht werden. Das sind dieselben Leute, die, beim Herumlaufen in der Wohnung oder im Büro, darauf achten, dass sie sich gleichmäßig rechts- und linksherum bewegen. Ist dieses Verhältnis nicht hundertprozentig ausgeglichen, wird es ein schlechter Tag.

Aber das ist alles nix gegen die armen Seelen, deren sämt-liche Haushaltsgegenstände einzelne Persönlichkeiten sind, die leicht reizbar und schnell beleidigt wären, wenn andere, gleichartige Gegenstände häufiger benutzt werden. Dann entwickeln die Personen ein ausgeprägtes schlechtes Ge-wissen und der Stabmixer wird kurz angeschlossen, weil die Rührmaschine schließlich auch kurz gebraucht wurde. Klingt verrückt, oder?

Und dann kenne ich Leute, die es nicht ertragen können, wenn die Lautstärke beim Fernseher auf einer ungeraden Zahl steht. Es muss 8, 10, 12 und so weiter sein. Wehe, die Lautstärke steht auf 11! Geht gar nicht!

Menschen, die Brötchen senkrecht aufschneiden, gehören für sie übrigens hinter Gitter. Wer keinen Löffel für die Mar-melade benutzt, sowieso.

Selbst die eigentlich unordentlichsten Menschen müssen in fremden Treppenhäusern Fußmatten am Türrahmen oder der Fliesenstruktur nach ausrichten und wenn sie irgendwo einen Stapel Flyer sehen, der unordentlich ist, muss der begradigt werden. Unbedingt!

Mir wurde mal von Freunden ein Berlin-Trip geschenkt, ich musste Aufgaben lösen. Eine Aufgabe war, das Nummernschild B-UB zu finden. Das habe ich auf dem Trip kein einziges Mal gefunden, seitdem kann ich mich aber nicht mehr durch Berlin bewegen, ohne dieses verdammte Nummernschild zu suchen. Und ich bin echt oft in Berlin unterwegs.

Einen kenne ich, der kann keine ungerade Anzahl an Bonbons essen. Es muss immer eine gerade Anzahl an Bonbons sein. Zum Glück zählt er nur die Bonbons und nicht Bonbonpackungen.

Ich kenne eine Frau, die immer die Speichen von Autofelgen zählen muss.

Wieder andere leiden unter der Vorstellung, dass flackernde Straßenlaternen Unglück bringen. Wenn der Bäcker einem allerdings genau das richtige Wunschbrötchen gibt, ohne dass man gesagt hat, welches man genau haben möchte, bringt es Glück.

Es gibt Menschen, die nichts Weißes essen können und welche, die nur Dinge essen können, die offensichtlich nicht zusammenpassen. Zum Beispiel Fischstäbchen mit Vanillesauce. Und natürlich sagt man automatisch mit einer hohen Stimme „na feinnnnnnnnnnn", wenn irgendwo in der Nähe ein Hund steht.

Beim Biertrinken aus der Flasche muss vorher einmal kurz reingepustet werden und wenn man die Spülmaschine öffnet, bevor sie fertig ist, hat man sich gefälligst bei ihr zu entschuldigen. Bevor man die Wohnung verlässt, wird überprüft, ob Bügeleisen, Herd, Staubsauger und Wasserkocher auch wirklich ausgeschaltet sind. Auch wenn keines der Geräte kürzlich benutzt wurde. So manches Mal werden extra Fotos von den ausgeschalteten Geräten gemacht, um sich auch unterwegs vergewissern zu können, dass alles ausgestellt ist. Kommen einem Menschen entgegen, die man nicht besonders sympathisch findet, hält man lieber die Luft an – wer weiß, was die für merkwürde Schwebeteilchen absondern. Jedes Stück Wäsche muss mit zwei gleichfarbigen Wäscheklammern aufgehängt werden, Einkaufswagen werden immer von der längsten Einkaufswagenschlange genommen. Parken im Parkhaus bitte nur auf geraden Etagen.

Na, hast du dich in den Aufzählunegen irgendwo wiedergefunden?

Herzlichen Glückwunsch, dann ist eigentlich alles gut.

Denn die einzigen Leute, die nicht ganz normal sind, sind nämlich die, die von sich behaupten, keine Macken zu haben. Vor denen sollte man sich in Acht nehmen.

HILFE!!! MEIN ROLLKOFFER VERFOLGT MICH!

Sorge No. 5829713

LIEBESLIEDER

VOR ZWEI ODER drei Wochen habe ich herausbekommen, dass gar nicht Störche Kinder bringen, sondern dass Kinder gezeugt wurden. Von den eigenen Eltern! Schwitzende Leiber, Stöhnen, Höhepunkte, ohgottohgottohgott! Wie soll ich diese Bilder jemals wieder aus dem Kopf bekommen?

Meine Mutter hat mir tatsächlich erzählt, an welchem Tag genau ich gezeugt wurde. Auf mein einigermaßen verstörtes „Ääääähhhhh" hat sie noch einmal nachgelegt und strahlend hinzugefügt: „Und wir haben Metaxa getrunken." Ab da war es um mein Seelenheil geschehen und mein Hirn hat angefangen zu rasen: Was für Musik mag dabei wohl gelaufen sein?

Auf der Welt gibt es wahrscheinlich 750 Milliarden Songs. Und pro Stunde kommen mehr dazu. Da, zack – jetzt schon wieder einer.

Die Fragen, die sich mir ins Gehirn gekrallt haben und mich seither nicht mehr loslassen, sind: Ist jedes Lied irgendwie ein Liebeslied? Also wurden schon zu allen Songs der Welt Kinder gezeugt?

Es gibt ja die klassische Bumsmucke, Simply Red, Barry White, Sade, so was. Musik, die quasi nur zum Kindermachen komponiert wurde.

Aber was sind das für Kinder, die während einer Zeltdisco zu „Cotton Eye Joe" gezeugt wurden? Schlägt sich das in deren DNA nieder? Und was ist mit denen, die gezeugt wurden, während in irgendeinem verbotenen Keller Techno lief (140 bp/m) – wie sind die drauf? Sind die so ähnlich gelagert wie Kinder, deren Eltern beim Sex „Sieben Fässer Wein" gehört haben? Oder Scooters „How much is the fish?" Noch dramatischer wird es, wenn ich an die ganzen Karnevalslieder denke. Wahrscheinlich können die Menschen, die zu Karnevalsmusik gezeugt wurden, mittlerweile ganze Stadien füllen. Es müssen Tausende sein. Sie wurden gezeugt, als ihre Eltern besoffene Marienkäfer oder lallende Schlumpfinen waren oder Vorstandsvorsitzende, die als Riesenbaby so viel Kölsch getrunken haben, bis sie nicht mal mehr auf allen vieren krabbeln konnten.

Es soll ja Verliebte geben, die Marschmusik hören, wenn sie ihren besonders zackigen Begattungsvorgang tätigen. Oder Arien. Oder sehr komplizierte Zwölftonmusik. Was werden das für Charaktere? Sind Kinder, die zu House Music gemacht wurden, später häufiger Immobilienmakler als Kinder, die zu Musicals gezeugt wurden?

Prägt es die späteren Kinder, wenn sie mal eben zwischendurch zu Eilmeldungen oder voll kalkuliert zu Börsenkursen gezeugt wurden? Ganz zu schweigen von Spermien und Eizellen, die zu Death Metal verschmolzen sind.

Um wen ich mir echt jedes Mal Sorgen mache, wenn ich Radio höre: um Kinder, die zu Verkehrsfunkmeldungen während des bayerischen Sommerferienbeginns gezeugt wurden.

„Achtung, dringende Meldung: Auf der A95 bei Wolfratshausen kommt Ihnen ein Geisterfahrer entgegen. Und auf der A9 bei Garching liegt ein Gegenstand auf der Fahrbahn. Auf der A8 bei Dettendorf: zähflüssiger Verkehr auf zehn Kilometern.“

Ich hoffe, dass diese Kinder im Leben gut vorankommen.

IRONIE

DIE IRONIE IST eine rhetorische Figur, die nicht jede:r beherrscht, aber gern versucht. So als würde man sich mal eben schnell Schlittschuhe überstülpen, aufs Eis gehen und erst mal einen dreifachen Lutz springen. Klappt garantiert. Nicht.

Ich werde mit meinen dreifachen Gedankensprüngen oft falsch verstanden, was mir natürlich Sorgen macht. Kann ich nicht ein einziges Mal etwas sagen, wie ich es meine? Oder sind die anderen einfach zu doof?

Mit der Ironie ist das aber auch so eine Sache. Irgendwann gibt man vielleicht mal eine ironische Party, bei der sich alle möglichst schlechte und peinliche Klamotten anziehen. Es läuft schlechte Musik, zu der man ironisch tanzt und sich echt kaputtlacht. Allein die Bewegungen, als würde man einen gigantischen Kochlöffel halten und mit beiden Händen in einer riesigen Schüssel rühren. Dazu dann aufgerissene Augen, Gesichtsentgleisungen und der Flügelschlag eines Huhns. Und weil es so witzig war, verabredet man sich später zum ironischen Kegeln. Der Muskelkater am nächsten Tag ist dann gar nicht mehr ironisch, sondern sehr ehrlich. „Das ist ja richtig Sport!", schleicht sich ins Leben. Vielleicht macht man das häufiger und lässt sich später Kegelteam-T-Shirts bedrucken. Mit einem sehr ironischen Namen drauf. Haha. Ist ja nicht ernst gemeint.

Man besorgt sich vielleicht auf einem Flohmarkt ganz ironisch einen Schwan aus Kristallglas und stellt ihn sich ins Regal. Dahin, wo die anderen ironischen Staubfänger auch stehen. Vom Schwan aus Glas zu einer ausgewachsenen Leidenschaft für Skulpturen aus Plexiglas ist es dann echt nicht mehr weit. Eine Zwischenetappe ist, wenn man plötzlich anfängt, die Dinger abzustauben. Ironisch.

Vielleicht besucht man auch irgendwann grauenhafte Rentnerparadiese, in denen bluthochdruckgeplagte

Menschen hinter ihren Rollatoren hinterherschlurfen, und verhält sich extra begeistert. Ist natürlich alles vollkommen ironisch gemeint, aber der Backfisch schmeckt hier wirklich gut. Und entspannt ist es auch. Alles sehr verbrannte, aber sehr ehrliche Häute hier! Ganz ironisch werden in irgendeinem von den Souvenirlädchen Namenstassen mit sehr bescheuerten Namen gekauft. Nicht selten werden diese dann zu Lieblingstassen. Und das nächste Haustier bekommt den Namen, der von irgendjemandem auf die Tasse gepinselt wurde. Dann heißt der Dackel eben sein Leben lang Fritz. So verwandelt sich die Ironie in echte Haustierliebe.

Lackdachziegel findet man selbstverständlich sehr überflüssig und hässlich, aber vollkommen unironisch sind sie zumindest praktisch. Oder?

Wie fährt sich eigentlich ein Segway? Und ein Liegerad?

Im Wohnzimmer steht plötzlich ein ironisch gemeinter Fliesentisch und ehe man sich versieht, beginnt man sich für Schottergärten zu interessieren. Und lässt sich vielleicht einen Schnauzbart stehen oder will plötzlich eine Dauerwelle haben. Oder man entscheidet sich für eine DDR-Frisur. Haha. Witzig. Ein Schnauzbart! Eine Dauerwelle! Eine DDR-Frisur! Das ist aber auch wirklich sehr ironisch!

Sind die Grenzen zwischen Ironie und Ernst eigentlich irgendwie sarkastisch gemeint? Kann man auch mal drüber nachdenken. Ich bin mir ziemlich sicher, dass sich die Ironie ganz von selbst ins Leben schleicht. In dem Moment, in dem man selbst nicht genau weiß, was man von einer Sache halten soll, ist es so weit.

Ich wurde schon im Kindergarten immer wieder gefragt: „Meinst du das jetzt ernst?"

Als ich mein Abi-Zeugnis überreicht bekommen habe, wurde ich gefragt: „War das jetzt dein Ernst?" Den letzten Satz habe ich natürlich nur geschrieben, um zu sagen, dass ich Abi habe. Das mein ich ausnahmsweise mal ganz ernst.

Glaub ich zumindest.

OHRWÜRMER

ES PASSIERT NICHT selten, dass ich mit einem Ohrwurm aufwache. Meine Augen sind noch geschlossen, meine
interne Juke-Box dudelt aber schon: *Lemon Tree* von Fool's
Garden, den schlimmsten Ohrwurm, den man bekommen
kann. Einfach so, ansatzlos. Die Töne schrauben sich in
mein Ohr, das Trommelfell will reißen, das Skelett vibriert,
die Hirnanhangdrüse glüht. Die Blutkörperchen wollen
auswandern, die Nervenbahnen fransen aus. Es beginnt
die Kapitulation aller körperlichen Systeme. Mein Körper
wird nun vom Ohrwurm gesteuert – mitten ins seelische
Verderben.

Der Jukebox-DJ jubelt, klatscht und peitscht jede einzelne
Körperzelle nach vorne, indem er mir Firlefanz und musika-
lische Schundware in die Leitungen spült. Es werden einige
Kippschalter auf „unerträglich" umgelegt, meine Synapsen
werden mit dem Flammenwerfer bearbeitet.

Dann stapfe ich mies gelaunt in den Tag hinein und auf
jeden Impuls von außen, auf alles reagiere ich innerlich mit
einem „... I wonder how I wonder why". Alles wird dieser
Melodie untergeordnet. Zähneputzen: „I (schrubb) won
(schrubb) der (schrubb) how (schrubb) I (schrubb) won
(schrubb) der (schrubb) why." 'Ne Scheibe Brot abschneiden:
„I (schneid) won (schneid) der (schneid) how (schneid) I
(schneid) won (schneid) der (schneid) why."

Mein Ohrwurmspeicher hat die Kapazität von 56k, das
entspricht ungefähr vier Sekunden Songdauer. Fahre ich
Fahrrad, trete ich zu dem Soundtrack in die Pedale: „I (links)
won (rechts) der (links) how (rechts) I (links) won (rechts)
der (links) why."

Abgelöst wird mein Ohrwurm immer erst durch einen
neuen – aber niemals besseren – Song. Durch *Scatman*. Oder
durch die *Weihnachtsbäckerei* von Rolf Zuckowski. Oder
durch *A lalalala long*. Oder durch *Girl, you know, it's true*

oder durch *You're my heart, you're my soul* oder *Macarena*. Oder *Despacito*. Oder *Barbie Girl*. Oder *Alles nur geklaut*.

Ich liebe die dunkle Jahreszeit, aber ab Ende September wird es richtig schlimm, weil unter Garantie irgendwo *Last Christmas* gespielt wird.

Dabei fällt auf, dass ich niemals gute Ohrwürmer habe. Immer nur die richtig miesen Teile. Ohrwürmer, die sich in die Hirnrinde fräsen und eventuell wichtige Kapazitäten schlucken. Nehmen Ohrwürmer einem eigentlich wichtigen Platz zum Denken weg?

Ich frage mich, wozu ich in der Lage wäre, wenn ich auf meine volle Denkleistung zurückgreifen könnte. Also so ganz ohne *Lemon Tree* oder die zigtausend anderen Ohrwürmer, die mir per Zufall ins limbische System gespielt werden.

Vielleicht wäre mein Abi besser gewesen. Vielleicht hätte ich was Großartiges studiert und wäre heute ein erfolgreicher Macher. Meine Gedanken wären stets messerscharf und kristallklar, ich wäre bis in die Haarspitzen fokussiert, mir entginge nichts. Vielleicht würde ich Bücher als Erfolgsboy schreiben und wertvolle Tipps geben. Könnte ja sein. Und was wird erst passieren, wenn mein Roland-Kaiser- und mein Abba-Ohrwurm mal Kinder bekommen? Wahrscheinlich wird mein Gehirn dann nur noch ein dampfender Klumpen sein.

Solange das nicht passiert, hoffe ich, dass man für Ohrwürmer keine GEMA-Gebühren zahlen muss. Noch schlimmer als Ohrwürmer sind übrigens Phantomohrwürmer. So nenne ich es, wenn ich einfach nicht auf ein Lied komme und immerzu grübeln muss, wie dieses verdammte Lied heißt, das ich nicht vergessen kann. Und wenn ich es endlich geschafft habe mich zu erinnern, geht das ganze Spiel wieder von vorne los. Mein Gehirn ist nämlich ein Kamikazeunternehmen mit Loop-Funktion.

PS: Viel Spaß mit den Ohrwürmern in diesem Text. Es sind zehn Stück.

AUSSERIRDISCHE

MANCHMAL SORGE ICH mich nicht nur um die kleinen Dinge, sondern auch um die großen. Um unser Land zum Beispiel, das ist mit über 357.000 Quadratkilometern schon ziemlich groß. Dann stelle ich mir vor, Außerirdische kämen uns besuchen. Aber nicht irgendwelche grünen Männchen mit riesigen schwarzen Augen und winzigen kleinen Mündchen, wie man sie aus Comics von 1958 oder aus SciFi-Filmen kennt, sondern so kleine, niedliche, bunte Flauschwesen, die gern kuscheln, schnurren, um die Menschen herumschweben und herzerweichend kichern. Kleine, weiche Dinger, die einem den Tag mit Geräuschen und unfassbarer Niedlichkeit erleichtern.

Was dann wohl los wäre bei uns?

Vor allen Dingen bei Leuten, die zwar gern Döner essen, italienische Autos fahren und sich ihre Fernseher von asiatischen Lohnarbeitern zusammenlöten lassen, aber große Probleme haben, wenn Menschen aus anderen Ländern hier bei uns leben.

Erst gäbe es Kopfschütteln über diese flauschigen extraterrestrischen Wesen, dann Skepsis, dann Wut. Gefolgt natürlich von tief empfundener Ablehnung.

Die Nazis und Hardcore-Patrioten müssten ihr tristes Leben komplett neu kalibrieren, weil sog. Ausländer plötzlich nicht mehr interessant wären. Syrer, Inder, Afghanen und Polen und alle Menschen von überallher wären schnöde und würden einfach so akzeptiert. Und Juden auch! Glaube wäre plötzlich vollkommen egal. Alle Menschen wären gleich. Antisemitismus wäre nur noch ein überflüssiges Wort. Unter „normalen" Umständen völlig undenkbar.

Ultrakonservative Medien, die sonst immer gegen bestimmte Menschengruppen hetzen, müssten wieder viel mehr Kreuzworträtsel abdrucken. Irgendwelche Björns, Alices und Thilos würden in den Keller gehen und in den geheimen Schrank heulen und sich fragen: „Was würde Adolf tun?" Sie würden ihre alten Wehrmachtsuniformen streicheln und sich heimlich ärgern, dass früher nicht nur alles nicht besser, sondern vor allen Dingen viel kratziger war. Und jetzt auch noch extraterrestrischer fröhlich bunter Flausch! Da kann man doch nur wütend werden! Sie würden mit ihren Kameraden Demos organisieren und durch die Innenstädte ziehen. Auf selbst gemalten Pappschildern stünde „E.T. nach Hause schicken!", „Außerirdische raus!", „UNSERE SCHÄFERHUNDE SIND SÜSSER ALS IHR!" und „Das ist UNSER Planet!". Parteien würden gegründet, es würde der sofortige Schießbefehl gefordert.

Die außerirdischen Fellwesen würden immer weiterschnurren, würden die Welt weiterhin mit ihrer Niedlichkeit bereichern. Irgendwann, vielleicht ein bisschen zufällig, würde ein Nazi so ein außerirdisches Ding mal streicheln und denken: „Och. Eigentlich ganz niedlich."

So wie irgendwann auch mal gedacht wurde: „Och. Eigentlich ganz lecker", als herzhaft in einen Döner gebissen wurde. Oder „Bogdan ist eigentlich voll nett", als in der Kantine gewitzelt wurde. Oder „Der ist eigentlich ganz schön gut", als mal der koreanische Elektrowagen gefahren wurde. Oder „Albanien ist ja voll schön!", als mal eine Sendung über Albanien im deutschen Fernsehen lief. Oder eine von 200 Fantastilliarden anderen Möglichkeiten.

Der Schatten, über den man springen muss, um sich offen mit anderen Kulturen und Lebensweisen auseinanderzusetzen, ist nur so groß wie das Wort „eigentlich".

Also eigentlich.

DIE ANDEREN

AN DER EINEN oder anderen Stelle habe ich ja schon mal erwähnt, dass ich mir ziemlich viele Gedanken und Sorgen mache. Über alles und jede:n. Ich nehme Reize und Informationen auf, die scheinbar in einem exklusiven Extraorgan in Sorgen umgewandelt werden. Wie bei so einer Kuh, die einen Pansen hat, dem als große Gärkammer ein Drüsenmagen vorgeschaltet ist. Aber ich will nicht so viel über mich reden, sondern lieber über Menschen in der Bahn.

Über den stillen Mann, der seinen Kopf gegen die Scheibe gelehnt hat und so glasig guckt: Hat er gerade seine Katze einschläfern lassen und ist unfassbar traurig? Oder hat er einfach einen tierischen Kater?

Die dünnhäutige Frau in dem schlecht sitzenden Business-Outfit, die ihre Tasche auf dem Schoß so fest umklammert, dass die Fingerknöchel ganz weiß sind: Hat sie etwas sehr Teures darin, das sie nicht mehr hergeben will? Oder schiebt sie gerade eine Panikattacke?

Der echt gefährlich-hinterhältig aussehende Typ mit Dreitagebart, schlechten Zähnen und Sicherheitsschuhen, der dahinten im Mittelgang steht und aussieht wie ein Schrottplatzbesitzer: Hat er gerade eine Frau belästigt? Oder hat er einem Typen, der eine Frau angrapschen wollte, sechs Schneidezähne ausgeschlagen – und so eine Frau beschützt?

Das Pärchen, das da schweigend sitzt: Haben die beiden sich einfach nichts mehr zu sagen? Oder brauchen sie ganz einfach keine Worte?

Das Teenie-Mädchen, das sehr konzentriert auf dem Smartphone schreibt: Ist sie eine bekannte Influencerin, die die passenden Hashtags sucht, um mit ihrem Typen Schluss zu machen? Oder ist sie eine 1.0-Studentin, die passende Worte sucht, um sich für einen Job zu bewerben?

Der Senior mit der Plastiktüte, der ein Plakat, auf dem für günstige Kredite geworben wird, anträumt: Denkt er daran, dass er zum Glück noch genügend Geld für den Monat hat, und ist glücklich, weil er sich eigentlich gar nichts mehr kaufen will? Oder denkt er an den Pfandflaschenautomaten?

Die beiden Jungs, die laut herumalbern und deren Testosteronspiegel ausreichen würde, um eine ganze Büffelherde wuschig zu machen: Kommen sie vom Spiel? Oder vom Deal?

Der Typ, der willenlos in der Gegend rumglotzt und dabei seine Augen zusammenkneifen muss, weil er wahrscheinlich nicht mehr so gut gucken kann, und der die ganze Zeit irgendwas in sein Heft kritzelt – macht er sich wichtige Notizen?

Oder bin das am Ende vielleicht einfach nur ich, wie ich darüber nachdenke, mit was für Menschen man in einem Bahnabteil so seine Zeit verbringt?

Und dass man der Fantasie lieber niemals das Bewerten überlassen sollte.

Sondern lieber dem Kennenlernen.

WENN ICH RÜCKWÄRTS BAHN FAHRE, KANN ICH MICH NUR SEHR SCHWER AUF DAS KONZENTRIEREN, WAS VOR MIR LIEGT.

Sorge No. 3791258

ENTSCHEIDUNGEN

JA. DAS GANZE Leben besteht aus Entscheidungen. Sie pflastern jeden Weg. Dabei gibt es die kleinen, spontanen und auf den ersten Blick unwichtigen Entscheidungen, wie zum Beispiel, diesen Text mit dem Wort „Ja" zu beginnen.

Na? Auch noch mal nachgeguckt? Ich auch.

Die Unterhosen- und T-Shirt-Wahl am Morgen zählt für einige schon zu den größeren Entscheidungen. Bei mir geht es schnell: Ich nehme das, was oben liegt. Dadurch bin ich zwar modisch sehr eingeschränkt, ist mir aber zum Glück egal. Ich bin nur innerlich eitel.

Viele Entscheidungen nehmen wir Menschen uns ab, indem wir Dinge aus Gewohnheit tun. Die Zahnbürste immer mit der linken Hand greifen und mit der rechten die Zahnpasta. Oder erst die Hose anziehen und dann die Schuhe und nicht umgekehrt.

In bestimmten Kaffeeläden muss man sich aber zwischen 6528 unterschiedlichen Kaffeesorten entscheiden. Gefolgt von der Überlegung, ob man ihn in einem Pappbecher haben möchte oder zum Datrinken. Oder in einem umweltfreundlichen Stahlbecher für 40 Euro. Oder direkt aus dem Hahn? Mit Topping oder Sirup? Soll der Schaum linksherum aufgetragen werden oder rechtsherum? Soll noch ein Herz aus Milchschaum auf den Kaffee? Oder ein Schwan? Oder die Londoner Tower Bridge? Oder der U-Bahn-Plan von Moskau? Geht alles.

Dass ich das ziemlich ausgelutschte Kaffeeladenbeispiel genommen habe, war auch eine Entscheidung. (Ich habe allerdings kurz geschwankt zwischen „Gin bestellen" und „Kaffeeladen".)

Das ganze Leben ist eine Aneinanderreihung von großen und kleinen Entscheidungen.

Welches Ladegerät? Was für ein Auto? Mit welchem Antrieb? Was für eine Marke? Was für ein Modell? Welche

Farbe? Metallic? Oder irgendeine Sonderfarbe? Schiebe-dach? Ja oder nein? Welche Ausstattungsvariante? Welche Assistenzsysteme? Welche Felgen? Oder doch lieber ein Fahrrad? Studieren: ja oder nein? Wenn ja: was? In welcher Stadt möchte ich leben? Und in welchem Land? Oder doch lieber auf dem Dorf? In einer Wohnung? Welcher Lebensstil darf es sein? Was für Medien konsumiere ich? Welche Serie soll ich gucken? Jeans oder Flanell? Diesen Absatz über-springen oder lesen? Werde ich zum Mützenträger? Welche Drogen soll ich nehmen? Was Verbotenes oder doch lieber Alkohol, so wie die meisten anderen auch? Was für ein Ver-sicherungspaket? Will ich vegan leben oder vegetarisch? Wenn ich Urlaub mache, lieber in die Berge oder ans Meer? Oder an einen See? Oder in eine Stadt?

Uff.

Das ist alles sehr, sehr viel, die meisten Entscheidungen sind jedoch zum Glück auch im Nachhinein noch korrigierbar.

Da fällt mir die Geschichte von Lara und Finn ein:

Die beiden haben sich beim Tätowierer „Skin deep" in Leipzig kennengelernt, haben gleichzeitig auf einen Termin gewartet, waren wegen des Termins aufgeregt und fan-den sich auf Anhieb sympathisch. Die ersten Blicke gingen tiefer als jede Tätowiernadel. Sie haben ihre Nummern aus-getauscht, sind relativ schnell zusammengekommen und zusammengezogen. „Unser erstes Partner-Tattoo hatten wir ja schon, bevor wir zusammengekommen sind", war die Ge-schichte, die sie überall erzählten. Die beiden sind immer tiefer in die Body-Modification-Szene eingetaucht. Piercings, Tattoos, Implantate aus Edelstahl und zwei entfernte Rippen bei Lara, Brandings, abgeschliffene Zähne und viele andere Modifikationen bei Finn.

Die beiden sind häufig auf Conventions, oft beim Tätowie-rer, oft auf Partys, aber auch sehr gern zu Hause in ihrer Wohnung. Hier haben sie in der Küche auf der Fensterbank einen kleinen Kräutergarten, sie kochen zusammen, haben nicht viel Besuch, reden nicht viel. Sie sind ein sehr ruhiges Pärchen.

Finn liebt es, auf der Seite neben Lara zu liegen, sie anzusehen und sie zu streicheln. Die Piercings, die Tattoos, die Narben. Stundenlang. Bis sein linker Arm eingeschlafen ist und irgendwann auch Lara. Das ist so ein Ritual der beiden. Erst der linke Arm. Dann Lara.

Finn hatte kürzlich für ein paar Tage in München zu tun, Lara blieb allein zu Hause. Und Finn hat sich für etwas entschieden. Lara auch.

Als er von seinem Trip nach Hause kam, ganz aufgeregt, als er den Schlüssel kaum ins Schlüsselloch bekommen hat, als er die Tür mit der Schulter aufgestoßen hat und in die Wohnung geflüstert hat: „Lara ... ich bin wieder da!", kam jedoch keine Antwort.

„Vielleicht schläft sie", hat er gedacht und sich dabei vorgestellt, wie er sich gleich neben sie legen kann. Auf die Seite, so wie immer. Nur besser.

Aber im Bett war sie nicht. In der Küche auch nicht. Da sind ihm als Erstes die Pflanzen auf der Fensterbank aufgefallen. Sie waren vertrocknet. Erst nachdem er das gesehen hatte, nahm er den Zettel auf dem Tisch wahr. Ein Zettel! Finn hat ihn mit der rechten Hand genommen und gelesen. Dabei hat er ein bisschen gezittert.

Mein lieber Finn,
es tut mir leid, dass du es auf diesem Weg erfahren musst. Ich kann nicht mehr. Meine Liebe ist weg. Da ist nichts mehr. Ich habe mich ausgeliebt.
Bin jetzt erst mal ein paar Tage bei einer Freundin, nächste Woche werde ich meine Sachen aus der Wohnung holen.
Sorryyyyyyyyyy
Lara

Finn stand da, in der Küche, zitternd, schluchzend. Er zerknüllte den Zettel mit der rechten Hand und überlegte, was er mit seinem linken Arm in den letzten 27 Jahren alles gemacht hat. Mit dem Arm, der jetzt tiefgefroren, in Trockeneis gepackt, in der braunen Reisetasche im Flur lag, den er konservieren und auf das Sideboard ins Wohnzimmer stellen wollte.

Was er mit dem Arm alles berührt, gestreichelt und auch mal geschlagen hatte. Er guckte an sich herunter und sah den bandagierten Stumpen. In dieser Sekunde wurde ihm klar, was er alles nicht mehr machen konnte.

Klatschen zum Beispiel.

Nicht mal mehr Hampelmann.

Oder einen Ball fangen.

Oder Lara mit links berühren.

Den linken Arm hat er sich abnehmen lassen. Das war seine große Entscheidung für Lara.

Lara, das hat Finn später herausgefunden, war jetzt mit Tom zusammen. Dem Tätowierer der beiden. Das war eine große Entscheidung von Lara.

Es gibt die kleinen und die großen Entscheidungen. Nach dieser Geschichte habe ich mir vorgenommen, mir für die Dinge etwas mehr Zeit zu lassen und alle Entscheidungen in zwei elementare Kategorien zu unterteilen:

„Ist es endgültig?" oder „Kann ich es noch rückgängig machen?".

Das macht auch das Kaffeebestellen gleich viel einfacher.

BEWERTUNGEN

MOOOOOOMENT! MUSS ICH mir langsam Sorgen machen, weil ich nicht immer sofort hinterherkomme und regelrecht abgehängt werde wie so ein olles Gnu, das aus der Herde verstoßen wird? Vielleicht bin ich zu langsam, vielleicht geht aber auch vieles einfach viel zu schnell.

Wenn ich auf dem Sofa sitze, die Augen schließe und mir vorstelle, dass mein Sofa auf der Erde steht, die sich gerade mit gut 1.000 km/h um die eigene Achse dreht, wird mir natürlich schlecht. Aber nicht nur das ist mir zu schnell. Auch die Bewertungsgeschwindigkeit ist mir zu hoch.

Das Auge sieht etwas – zack – wird es mit anderen Dingen, die man schon mal gesehen hat, verglichen und im Geiste mit Worten beschrieben. Man hört etwas und findet es irgendwie schräg. Dasselbe gilt für Riechen, Fühlen, Schmecken. Wir scheinen mit Sinnen und der Fähigkeit, Worte zu bilden, ausgestattet, damit wir bewerten können. Als wären wir irgendwelche tollen Bewertungsmaschinen. Input: Sinneswahrnehmung -> Output: Bewertung des Erlebten. Und das in Sekundenschnelle. Zack. Gut. Zack. Geht so. Zack. Joa. Zack. Großartig. Zack. Witzig!

Das führt dazu, dass wir sogar nach Bewertungen konsumieren. Reisen, Restaurants, Türstopper, Handyhüllen, Satteltaschen, Bügelbretter, Handtuchhalter, Pfefferstreuer, Bären in Tierparks. Dieses wird bewertet. Jenes wird bewertet. Alles wird bewertet.

Firmen verdienen mit Bewertungsportalen Millionen.

Das kann man gut oder doof finden. Ist nun mal so.

Was jedenfalls aber richtig bescheuert ist, ist das Bewerten von Menschen.

Warum muss man andere Menschen unbedingt in Schubladen stecken? Hautfarbe, Glauben, Größe, Gewicht, Einkommen, Sexualität, Haarfarbe, Hautbeschaffenheit, Beinlänge, Gesichtsform, Wohnort, Bekanntenkreis, Haustiervorliebe, Hobby, Beruf, Wohnzimmertischgeschmack, Wimpernlänge, Bauchumfang, Leselust, Fähigkeit, Reis mit Stäbchen zu essen, Hüftbreite und so weiter.

Warum muss man alles an so unwichtigem Quatsch festmachen?

Meiner kleinen und bescheidenen Meinung nach gibt es eigentlich nur zwei Sorten Menschen: diejenigen, die, wenn sie sich ausgeschnupft haben, ins Taschentuch gucken.

Und die anderen.

Na? Wie findest du das?

IST NIESELREGEN DIE SUBTILE ART, NASS ZU WERDEN?

Sorge No. 987123

SPRACHE

NICHT NUR VERKRUSTETE Unionspolitiker oder irgendwelche bornierten Personen in Tweedjackets und Bommelschuhen machen sich Sorgen um die deutsche Sprache. Das überlasse ich denen natürlich nicht, also mache ich das auch. Wie ich mir Sorgen um die schöne deutsche Sprache mache, kann ich am besten mit einem kleinen Experiment zeigen, und das geht so:

Wenn du das nächste Mal mit ein paar Leuten irgendwo rumstehst, erzähl doch kurz, dass du gestern beim Zahnarzt warst.

Beim Zahnarzt.

Z-A-H-N-A-R-Z-T!!!

Weil viele Menschen das Tablett mit den brutalen Kratzwerkzeugen und Bohraufsätzen im Kopf haben, passiert das hier: Irgendjemand aus der kleinen Gruppe, mit der du rumstehst, fährt sich garantiert mit der Zunge die eigenen Zähne ab und sucht einen neuralgischen Punkt. Dazu trifft die Person das schlechte Gewissen. Das Wort „Zahnarzt" löst körperliche Reaktionen aus. Nicht bei allen, aber bei vielen. Sobald sich die Leute beruhigt haben, schnell sagen: „Ach nee. War gar nicht der Zahnarzt. War der Urologe."

Der Effekt ist ähnlich.

Aber ohne Zunge.

Sprache ist sehr mächtig.

Das kann man beispielsweise beobachten, wenn auf einer Tür in einem öffentlichen Gebäude „ziehen" steht. Kritische Menschen glauben das nicht, weil ihre selbst gestellte Lebensaufgabe ist, alles zu hinterfragen. Das sind dann Leute, die erst mal drücken und dann ziehen. Dabei meckern sie natürlich. Dieses kleine Wort, an der richtigen Stelle angebracht, kann ordentlich was auslösen.

Was die deutsche Sprache sonst noch anrichten kann, merkt man erst so richtig, wenn die weibliche Brustwarze

„Igelnase" genannt wird. „Ich liebe deine harte Igelnase, lass uns dreckigen Sex haben. Jetzt sofort! Zieh dich aus!"

Nein, nein, nein. Das törnt richtig ab.

Und das mit der Igelnase erst recht.

Kaum jemand möchte eine feuchte Igelnase berühren oder küssen. Davon mal abgesehen, dass diese gewollte Kindergartensprech-pipi-kacka-Verniedlichung voll nach hinten losgeht: Hinter einer Igelnase befindet sich ein stacheliger Igelkörper.

Will man den liebkosen? Wohl eher nicht.

Ich weiß, wovon ich rede, denn ich habe vor ein paar Jahren einen Igel im Keller gehabt und ihn über den Winter gebracht. Igel sind verlauste Rabauken voller Flöhe und Zecken, die stark müffeln.

Allerdings befindet sich das alternative Wort „Brustwarze" auf ungefähr demselben sexuellen Niveau wie eine kleine Zusatzpassage in einer Steuererklärung. Wenn man das Wort harsch ausspricht, klingt es, als würde ein Wehrmachtsoffizier einen Befehl erteilen. Anweisung: „Soldaten! Rrrrrraus aus dem Schützengrrrraben – und Attacke auf die Brrrrustwarrrrrze!!!"

Und das eher technisch orientierte Wort „Nippel" wirkt dagegen wie aus einer Bedienungsanleitung für einen Standaschenbecher. Auch wenn es phonetisch halbwegs gut zur vulgären „Titte" passt.

Nippel. Titte. Mitte. Ficke. Fluppe.

Man hätte bei der Namensvergabe für Organe und Körperteile einfach etwas besser aufpassen sollen. Die Milz zum Beispiel ist ein im Oberbauch verstecktes Organ, das zwar wichtige Aufgaben hat, aber viel zu wenig Beachtung findet, dabei ist das Wort wirklich schön. „Milz" passt zum Beispiel viel besser zur Brustwarze als „Brustwarze". „Ich liebe deinen Busen – und deine Milz." Klingt doch zauberhaft, oder?

Ähnlich unpassend wie „Brustwarze" oder „Nippel" ist „Glied" oder „Penis" für das männliche Geschlechtsteil.

„Penis" klingt wie eine amerikanische Indie-Band, die nachmittags auf einem Festival vor einem vollkommen verkaterten Festivalpublikum, das eingemummelt in Schlafsäcken vor der Bühne rumlungert, spielen muss. „Änd nau: Penis from Idaho. Sey play Softrock wis Harfe änd Gitarre."

Müde Blicke, wenig Applaus.

„Glied" klingt wie ein kleines Bauteil eines Verbrennermotors. „Die Pleuelstange neben der Flanschmuffe wird mit dem Glied am Block befestigt." Andere Bezeichnungen für das männliche Geschlecht klingen allerdings auch eher schlecht als recht: Pieschmann, Fleischlolli, Spalter, Grottenfrosch, Fleischpeitsche, Kübel, Riesenmuskel, Tentakel, Presswursthammer, Long Don, Pillermann, Lochstopfer, Pisser, Reinhalter.

„Guck mal, mein Grottenfrosch pumpt wie ein Maikäfer. Gleich wird er zum Presswursthammer!" Männer, die so einen (oder so einen ähnlichen) Satz sagen, sollte man auf der Stelle entmannen. Und das Sprachzentrum sollte man dabei gleich mitentfernen. Grottenfrosch. Presswursthammer. Was zum Teufel soll das sein?

„Schwanz" ist auch hier die oft genutzte, einigermaßen vulgäre Version, aber die passt natürlich auch nicht immer. Vor allen Dingen, wenn es sich um so kurze, müffelnde Stummeldinger handelt.

Da würde sich „Igelnase" doch eigentlich viel besser anbieten. Oder?

VERSCHWÖRUNGSTHEORIEN

DAS INTERNET IST voller Verschwörungstheorien. Viele Menschen kanalisieren diffuse Ängste und basteln daraus ausgedachte Geschichten, die sie für wahr halten. Aus einfachen Quatschgeschichten wie „Elvis lebt" und „Die Mondlandung hat nie stattgefunden" wurden komplexere Themen wie „9/11 war vom CIA geplant" und „Corona existiert nicht! Bill Gates will Chips verimpfen".

Für Verschwörungstheoretiker:innen zählen Wissenschaftsergebnisse kaum. Auch das bereitet mir Sorgen, manchmal sogar Kopfzerbrechen.

Verschwörungstheoretiker:innen sind genau die Leute, die dem WDR damals, als Iffi Zenker aus der Lindenstraße schwanger war, Windelpakete und Nuckelflaschen in den Sender geschickt haben. Unterschiede zwischen ausgedachtem Kram und Wahrheit? Wird je nach Lust und Laune entschieden und gern auch mit Demokratiefeindlichkeit angedickt.

Verschwörungstheoretiker:innen denken, dass sie die Wahrheit kennen. Natürlich. Die steht ja schließlich in diesem Internet. Sie haben dazu einen Bericht auf YouTube gesehen, irgendwo zwischen Katzenvideo und Knödelrezept. Und wenn die neueste Wahrheit über Corona oder den Weihnachtsmann sogar ins Internet reingeladen wurde, stimmt das ja wohl!

Irgendwo gesehen oder gehört = Realität.

Zeigt denen lieber keine Harry-Potter-Filme, sonst springen sie vom Dach, den Besen zwischen den Beinen! Das Internet bringt immer mehr Brühwürfelgehirne mit der Denkkapazität einer Fusselrolle an die Oberfläche. Das größte Problem ist allerdings, dass diese Realitätsverweigerer eben nicht nur im Internet existieren.

Diese Leute dürfen mit 280 Sachen über die Autobahn brettern. Vollkommen legal. Und sie dürfen wählen gehen.

Okay, vielleicht sollte man ihnen doch Harry-Potter-Filme zeigen?

Weil ich mir nicht mehr nur irgendwelche Gedanken und Sorgen über diese Knallwürste machen möchte und mich auch nicht mehr über sie ärgern will, habe ich ein paar echte Alternativen aufgeschrieben. Feuer bekämpft man schließlich mit Feuer. Hier kommen die Top 10 der wirklich existierenden Verschwörungstheorien:

1. Bananen sind von der brasilianischen Regenwald-spinnen-Industrie programmierte Richtmikrofone, die uns abhören.

2. Katzen sind niedlich und schnurren?
   Nein. Katzen schnurren nicht. Das Schnurren ist das Geräusch, das entsteht, wenn die Daten, die diese Viecher aus Menschenhirnen absaugen, an eine unter-irdische Bill-Gates-Firma übertragen werden.

3. „Windkraftanlagen" sind immer so ausgerichtet, dass sie gegen den Wind stehen. Schon mal gemerkt? Wenn man sie umdreht, dreht sich die Welt anders-herum. Und dann fallen wir alle runter. Nur die Wissenden nicht.

4. Das Anagramm von „Corona Gates" ist „Actor go sane". Das bedeutet, dass alle Menschen Schauspieler sind. Nur du nicht. Und du bist der einzige Mensch, der das nicht weiß. HarHarHar!

5. Wenn man sich andersherum ins Bett legt (Füße auf das Kopfkissen, Kopf dahin, wo die Käsemauken sonst alles vollstinken), werden Traum und Realität getauscht und alle Währungen, die im Traum vorkommen, werden von Euro in Reichsmark umgerechnet. (Es gilt der aktuelle Tageskurs.)

6. Es sieht immer nur so aus, als würden Menschen Ziga-retten rauchen und Rauch ausatmen. In Wahrheit ist es umgekehrt: Auf diese Art werden Zigaretten hergestellt. Menschen saugen Rauchpartikel und blauen Dunst aus

der Luft und pusten das in kleine Papierstängel. Wenn sie genug haben, packen sie die Stängel in eine kleine Pappschachtel, die sie zum Kiosk bringen.

7. Smartphones wurden für einen bestimmten Zweck erfunden: Die Menschheit soll verlernen, sich Telefonnummern zu merken. Niemand kennt noch mehr als fünf Telefonnummern auswendig. Als Nächstes sind Hausnummern dran.
Und dann Namen. Vorsicht ist geboten!

8. Wenn du diesen Punkt gelesen hast, wird dir sofort klar, dass jede einzelne Verschwörungstheorie vollkommener Unsinn sein muss. Ausgedachter Quatschkram, den man nicht glauben sollte.

9. Siehe Punkt 8.

10. Siehe Punkt 9.

MAN SOLLTE VIEL HÄUFIGER IM STAU STEHEN. DA KANN MAN MAL GANZ IN RUHE DARÜBER NACHDENKEN, DASS ES AUCH SONST IM LEBEN NICHT VORANGEHT.

Sorge No. 3579515

DIE REFLEXFRAGE

ES IST FÜR mich eigentlich die schlimmste Frage der Welt. Es gibt Menschen, die einem zur Begrüßung ein reflexhaft-flockiges „Na, alles gut?" zuwerfen. Ich stelle die Frage tatsächlich manchmal aus Versehen selbst. Aber wenn sie mir gestellt wird, geht mein Gedankenflipperautomat los. Eigentlich müsste jede dusselige „Alles gut?"-Frage mit einem ausgewachsenen Monolog beantwortet werden. Zum Beispiel so:

„Ehrlich? Nein. Bei mir ist ein Zehennagel eingerissen, kürzlich gab es einen Schicksalsschlag im Freundeskreis. Mehrere sogar. Körperlich war ich schon mal besser drauf. Ich schlafe nicht besonders gut und die Fensterrahmen müssten mal wieder gestrichen werden. Was auch nicht gut ist: Die Klimakatastrophe, die von vielen komplett verharmlost wird. Kriege sind nicht gut. Dass es auf der Welt Hunger und Flucht geben muss, ist ebenfalls nicht gut. Dass Menschen bei der Flucht im Meer ertrinken, ist alles andere als gut. Dass die Ozeane sich erwärmen und extrem viele Lebewesen mehr oder weniger abgekocht werden, ist auch nicht gut. Dass der Kapitalismus die Erde auslutscht, ist auch nicht gut. Hass, Rassismus, Hetze, Fake News, Lug und Betrug, Tierquälerei, Faschisten im Bundestag, Milliardäre, die All-Tourismus betreiben, Kinderschänder, Religionskriege, Autos, die immer fetter werden, ganze Kontinente, die unter Hunger leiden. Alles nicht gut. Auswirkungen der Covid-19-Pandemie: nicht gut. Ultrakonservative Parteien, Lobbyismus, Ausbeutung der Dritten Welt, Vermüllung der Ozeane, des gesamten Planeten, täglich 130 ausgerottete Tierarten, Polkappen, die im Rekordtempo schmelzen, NICHT gut. Wusstest du, dass es an der Tankstelle für 2,99 Euro Grillfleisch in Neonmarinade zu kaufen gibt? Fußballspieler werden für dreistellige Millionenbeträge transferiert, in Deutschland, einer der reichsten Industrienationen der Welt, gibt es Kinderarmut. Wie muss es dann erst in Schwellenländern aussehen? Oder in sehr armen Ländern? Kinder in Indien nähen Turnschuhe für faule texanische Teenager – und für hagere Düsseldorfer Society-Ladys. Und für alle anderen Menschen, die Turnschuhe tragen. Ja, auch für mich. Gangsta-Rapper beleidigen Homosexuelle und werden dafür mit Preisen überschüttet, das ist alles andere als gut. Es gibt ausgerechnet in Deutschland immer noch Antisemitismus, reiche Menschen lassen sich zu Weihnachten Gänse einfliegen, die in Gänsemanufakturen großgezogen wurden. Klingt irre, ich weiß."

Wenn ich dann erst mal in Fahrt wäre, könnte man mich natürlich nicht stoppen und ich würde die Antwort auf die bescheuerte Alles-gut-Frage noch ein bisschen ausweiten:

„Und weißt du, was auch nicht gut ist? Dass ich immer noch viel zu oft an einen Comic denken muss, den ich als Kind gelesen und bis heute nicht verstanden habe. Es ist die kleine Geschichte von Goofy, der gejagt wird. Die Szene spielt im Western, Goofy trägt einen Cowboyhut und Stiefel, ein Hemd und eine Weste darüber. Hinter ihm sind übel aussehende Schurken (oder Hunde) her. Als Goofy an einer Pferdeweide vorbeirennt, kommt ihm eine Idee. Im letzten Bild des Comics sitzt er hinter einem Felsen und streckt dem Betrachter seine Schuhsohlen entgegen. Er grinst. Denn er hat sich die Hufe unter die Stiefel geschnallt – mit der offenen Seite Richtung Stiefelspitze. Die Hufe haben damit Spuren hinterlassen, die so wirken, als wäre Goofy auf einem Pferd in die entgegengesetzte Richtung abgehauen. Im Hintergrund sieht man die Kerle die Pferdespur verfolgen.

Ab und zu galoppiert der Gedanke daran immer noch in mein Leben: Ein Pferd hat vier Beine, Goofy aber nur zwei. Die Spur sieht dann doch ganz anders aus. Und irgendwo muss Goofy doch angefangen haben. Ein Pferd fällt ja nicht einfach so vom Himmel und kann anfangen, Spuren zu hinterlassen. Das macht mich wahnsinnig, bis heute. Allein dieser Gedanke an eine komplett unwichtige Erinnerung aus der Kindheit lässt eben nicht alles gut sein. Das sind aber nur Kleinigkeiten. Im Großen und Ganzen ist viel gut. Es ist mehr gut als schlecht – also bei mir jetzt. Und bei dir so?"

Vielleicht könnte man versuchen, das lockere „Alles gut?" durch eine andere Frage zu ersetzen. So was wie ein einfaches, ehrliches und ernst gemeintes „Hi, wie geht's dir?".

Davon abgesehen: Wenn wirklich alles gut ist – ist das dann gut oder eher schlecht?

„O. K."
KLICKEN, WENN EIN
NEUES PASSWORT BESTÄTIGT
WERDEN SOLL, IST GENAUSO, WIE
DIE HAUSTÜR ZUZUZIEHEN UND ZU
WISSEN, DASS DER SCHLÜSSEL
VON INNEN STECKT.

Sorge No. 66445582

SCHIMPFEN

IRGENDWO HABE ICH gelesen, dass Menschen, die oft und viel fluchen, intelligenter sein sollen als der Durchschnitt. Ja verdammte Kacke noch mal, warum sagt man mir das denn nicht früher? Jetzt ist meine Sorge natürlich, dumm und langweilig zu sein, denn ich fluche nicht besonders viel. Ganz einfach weil die meisten Kraftausdrücke und Beschimpfungen voll doof und langweilig sind.

Ich habe ein paar sehr intelligenten Kindern auf dem Spielplatz zugehört, die sich ordentlich gestritten und wie Kesselflicker beschimpft haben. Was neben „Du Pupsarsch!" hängengeblieben ist: „Du alte Erbsensuppe!"

Klingt niedlich, ist aber in Wahrheit richtig deftig. Erbsensuppe. Wirklich, ich liebe Erbsensuppe sehr, aber dieser am Ende grünbraune, pürierte, zerkochte Rotz, von dem einige Menschen veritable Verdauungsprobleme bekommen, ist ein viel heftigeres Schimpfwort als man zunächst denkt.

Und genau deshalb ist es vielleicht an der Zeit, das Schimpfwortrepertoire etwas auszudehnen. Mit Worten, die nicht in erster Linie Beleidigungen sind. Sondern:

Fischnamen:
„Jetzt lassen Sie mich mal vorbei, Sie Döbel!"
„Ich bin sehr enttäuscht von dir, du alte Stachelgroppe!"
„Du bist aber auch eine Ukelei, echt jetzt!"

Pilznamen:
„Mach das nie wieder, du bewimperter Filzkrempling!"
„Hau ab, du Eierwulstling!"
„Ey! Du gebuckelter Milchling!"

Motorenteile:
„Du Bremsbacke!"
„Mit Verlauf, Sie sind ein Flachschmierkopf!"
„Für mich sind Sie nichts als ein Rückflussverhinderer!"

Amphibien und Fliegen:

„Du olle Würfelnatter!"

„Hüpf hier nicht so rum, du Moorfrosch!"

„Du Stinkfliege!"

Flüche und Wünsche:

„Mögen dir beim Pistazienpulen die Fingernägel abbrechen!"

„Ich wünsche dir, dass du zehn Sekunden vor deinem nächsten Date in einen frischen Hundehaufen trittst!"

„Jeder räudige Hund soll dein Bein begatten wollen!"

Vergleiche:

„Du bist in etwa so ätzend wie ein Liter Komodowaranspeichel."

„Wenn ich es recht überlege, sind Sie eine Mensch gewordene Übergangsjacke – Sie passen nie zum Moment."

„Du bist wie ein Aschenbecher in der Flugzeugsitzlehne, dich braucht man nie!"

Übertreibungen:

„Sorry, Sie sind für mich ein Allesversalzer, ein Immerverstolperer, ein Komplettdanebenlieger."

Beleidigungen können ja ziemlich teuer werden (vor allen Dingen, wenn sie sich in Richtung Beamten bewegen). Ich hoffe nicht, dass diese Bezeichnungen neben einem netten Lächeln nicht auch noch ein Ticket mit einer Forderung nach ein paar harten Euro nach sich ziehen.

Das wäre dann echt doof.

TERRORANSCHLÄGE

JEMAND HAT MICH mal gefragt: Sag mal, hast du denn gar keine Sorge wegen Terroranschlägen?

Doch, natürlich. Und zwar fast so viel wie vor den Establishment-Eltern, die mit ihren Drei-Tonnen-Blechburgen Kindergärten und Grundschulen ansteuern. Morgens, kurz vor acht vor irgendeiner Schule oder einem Kindergarten in jeder x-beliebigen Großstadt: Es dauert keine zwei Minuten, dann kommen die ersten. Unterkoffeeiniert. Unausgeglichen. Übermotorisiert.

Auf dem Weg zum ersten Meeting oder zum Yoga brettern sie über den Schulhof und laden ihre Kinder direkt im Klassenzimmer ab. Nicht dass der kleinen Amélie-Erika-Aubergine (5) oder dem kleinen Fritz-Alpha-Zentaurus-Brettergesicht (14) noch etwas passiert. Kann natürlich sein, dass DOCH etwas passiert – und irgendein anderes, dummes, fremdes Kind vorne am Bullenfänger kleben bleibt. Ist aber nicht so schlimm. Bullenfänger kann man gut abwischen oder zur Not neu verchromen lassen.

Ich weiß: Es klingt übertrieben und furchtbar zynisch. Außerdem wurden diese Zeilen aus der Vorurteilsschublade herausgegrabbelt. Natürlich weiß ich auch, dass das Thema SUV die Gesellschaft spaltet. Bei drohender Langeweile kann man mal was über SUVs in die sozialen Medien schreiben. Zum Beispiel: „Bin gestern SUV gefahren." So ein Satz hat die Kraft eines Spalthammers. Man könnte genauso gut schreiben: „Unter Hitler war nicht alles schlecht!"

Für einige Menschen ist es selbstverständlich sehr sinnvoll, einen SUV zu besitzen. Für Förster zum Beispiel. Oder Menschen, die mit ihrem Auto Pferde- oder Schafanhänger ziehen müssen. Oder Bauern, die auf einer Alm wohnen. Aber Büromenschen? Oder Rapper? Oder Bundesligaspieler?

Ja, man sitzt im SUV höher. Ja, ein SUV vermittelt Sicherheit. Ja, ein SUV ist technisch so ausgereift, dass er nicht so viel Kraftstoff verbraucht. Kreuzfahrtschiffe werden ja auch immer sparsamer.

Ein SUV ist die Freiheit im Konjunktiv. Man könnte ja ins Gelände fahren. Man könnte einen Bordstein hochfahren. Man könnte über einen Schotterweg fahren. Man könnte so vieles. Ein SUV ist das Gegenteil von Fahrspaß. Es ist Fortbewegung, ohne die Bewegung zu merken. Ein gefühlsloses Vehikel. Fast wie ein fahrendes Brustimplantat.

Viele Menschen haben sich ihren SUV in Weiß bestellt. Weil Weiß eine unschuldige Farbe ist; Fahrer weißer Autos gelten als unauffällig und sensibel, als zurückhaltend und pflichtbewusst. Weiße SUVs sind damit psychologisch in etwa ähnlich sinnvoll wie rosafarbene Schnellfeuergewehre. Die implizieren Niedlichkeit. Fahrer schwarzer Autos gelten als ehrgeizige Erfolgsmenschen und Fahrer grauer Autos legen Wert auf Sicherheit und können sich nur schwer mit Fehlern anderer abfinden.

Schön, dass die meisten SUVs, die man sieht, entweder schwarz, grau oder weiß sind.

Zurück zu den Eltern, die ihren Nachwuchs in gepanzerten Sesseln (Fauteuils) zum Kindergarten oder zur Schule schippern.

Diese Eltern, von denen es in jeder größeren Stadt sehr viele gibt, sind auf ihrem Karriereweg irgendwie in die Lifestylefalle getappt.

Szeneviertelkarriere, Visitenkartenkarriere, Modehund. Designermöbel, 14-lagiges Toilettenpapier und teurer Champagner. Kind mit möglichst internationalem Namen, damit ihm alle Türen offen stehen. Es wird häufig schon beim ersten Ultraschallbild festgestellt: „Der kleine Jim-Gustav-Flexbein wird mal Anwalt in New York!" Dass das Kind eventuell einen eigenen Kopf hat und vielleicht viel lieber Florist in Eckernförde werden möchte, wird geflissentlich ignoriert.

Irgendwann merken diese Eltern dann, dass sich dieses Leben gar nicht so anfühlt wie sie es aus Netflix-Serien kennen. Die Mundwinkel sind heruntergezogen wie die Designelemente am Kotflügel. Das Kompensieren mit Ferienhäusern auf dem Land und Uhren mit dem Durchmesser einer Tellermine hilft auch irgendwie nicht mehr. Zumal das Kind, obwohl es schon vier ist, immer noch nicht das Handelsblatt liest. Und Cello klappt auch nicht. Und auf Altgriechisch hat es wenig Bock.

Aber die Autohersteller reagieren sofort.

Mittlerweile hat jede Marke die passenden Fahrzeuge.

Dabei gilt: je größer das Frustpotenzial der Zielgruppe (das durch tiefenpsychologische Marktforschungen ermittelt wird), desto größer das Auto.

Wenn es so weitergeht, dauert es nicht mehr lange, bis die ersten Kinder mit einem rollenden Stahlbetonbunker gefahren oder mit einem Flugzeugträger zur Schule geschippert werden. Spätestens dann muss man eigentlich auch keine Sorge mehr wegen irgendwelcher Terroranschläge haben.

ICH MUSS SCHON WEINEN, WENN ICH ANS ZWIEBELSCHNEIDEN DENKE.

Sorge No. 2978315

NACKTKATZEN

IHRE HAUT IST warm und leicht fettend, sie liegt nur lose auf dem Fleisch und wirft Falten wie eine etwas zu große Jacke. Sie ist nicht vollkommen nackt, sondern mit einem sehr dünnen Haarflaum bedeckt. Wer schon mal eine Nacktkatze gestreichelt hat, weiß, wie sie sich anfühlt: nämlich ein bisschen wie die Innenseite vom Oberarm eines sehr alten Menschen. Schlaffes Fleisch, warm, leicht fettend, faltig und mit einem dünnen Haarflaum bedeckt.

Sollte man mal in die Situation kommen, gleichzeitig mit einer Nacktkatze und einem alten Menschen zusammen in einem sehr dunklen Raum zu liegen und mit beiden Händen etwas zu streicheln und nicht zu wissen, was von beiden die Nacktkatze und was der Arm des alten Menschen ist, kleiner Tipp von mir: Wenn es anfängt zu schnurren, ist es die Nacktkatze.

Oder der alte Mensch hat eine starke Bronchitis.

Es ist schon zynisch, dass ausgerechnet Nacktkatzen so zurechtgezüchtet wurden, dass sie besonders anhänglich und verkuschelt sind. Zumindest wird das gern gesagt. Es reicht schon, mir vorzustellen, wie diese nackten Kreaturen ihren Besitzer:innen jaulend und miauend hinterherrennen, um mir Gedanken um die armen Dinger zu machen. Ich bin mir natürlich sicher, dass denen einfach nur kalt ist.

Ich persönlich mag es ja sehr, meine Hände im Fell eines Tieres zu vergraben. Ich streichle viel lieber Fell als Haut. Ich mag auch Katzenhaare mit dem Staubsauger wegsaugen. Es hat was sehr Meditatives, wenn das Staubsaugerrohr eine saubere Spur durch Katzenhaare auf dem Sofa zieht. Das Problem der überall herumfliegenden Katzenhaare haben Nacktkatzenbesitzer natürlich nicht. Dafür hinterlassen diese faltigen Stubentiger fettige Talgrückstände, wenn sie irgendwo gelegen haben. Und man muss Nacktkatzen ab und zu baden oder mit einem Lappen abwischen. Dafür gibt es bestimmt im Haustierfachgeschäft Nacktkatzenlappen aus Microfaser für € 29,99.

Ein befreundetes Pärchen hat sich aus exotischen Gründen eine Nacktkatze zugelegt. In ihrer Vorstellung war das Tier sanft, sehr besonders, erhaben und noch exotischer als ein außerirdisches Lebewesen. In der Realität ist die Schwiegermutter gekommen, hat den schüchternen und vor Kälte zitternden Hautlappen gesehen, wie er sich da in die Ecke verzogen hat, und gemeint: „In meiner Obstschale liegt ein Pfirsich, der ist niedlicher als dieses ekelhafte Vieh, und mehr Fell hat er auch."

Nacktkatzen gelten als besonders intelligent. Na klar. Sie müssen kompensieren. Kompensationsintelligenz. Sie sehen aus, als hätten auf dem Boden in der Evolutionswerkstatt noch ein paar Reste gelegen, die schnell zusammengefegt und dann zu einem Tier zusammengebastelt wurden. Nacktkatzen sind der Fiat Multipla der Tierwelt. Diese Grauhäuter wirken, als wären sie irgendwann in den 60ern von durchgeknallten amerikanischen Forschern gezüchtet worden. In einer Phase, in der die Heckflossen von Autos ausgesehen haben wie Raumschiffe und in der bewusstseinserweiternde Substanzen gern und oft konsumiert wurden.

Außerdem sollen Nacktkatzen sehr clever sein, sie sind quasi die Nerds unter den Katzentieren. Bestimmt lesen Nacktkatzen gern in Klassikern und wissen auf Anhieb, wie der Außenminister der Mongolei heißt. Sie können Spannbettlaken falten und stecken jedes USB-Kabel auf Anhieb immer richtig herum rein. Sie merken sich tagsüber, wo Dinge stehen, damit sie nachts nicht dagegenkrachen. Sehen können Katzen ja nachts auch ganz gut, aber wenn wirklich vollkommene Dunkelheit ist, müssen sie sich auf ihre Tasthaare verlassen. Zu blöd nur, dass Nacktkatzen kaum Tasthaare haben. Sie müssen immer an der Wand langschubbern, um sich zu orientieren. Wie so ein besoffener Kneipengänger, der aus seiner Stammkneipe torkelt und an den Häuserwänden entlangkratzt. Wenn man das Konzept Nacktkatze konsequent zu Ende denkt, müsste man ihnen die Augen auch mit Sekundenkleber zukleben und die Krallen abzüchten. Damit sie nur noch ein mit Katzeninnereien gefüllter Hautsack sind.

Wie gesagt: Nacktkatzen sind schlau. Aber eincremen können sie sich nicht. Und Nacktkatzen müssen ab und zu eingecremt werden. Sonst bekommen sie einen Nacktkatzensonnenbrand und sehen irgendwann aus wie ein verbrannter Rentner, der seit 40 Jahren an der Ostsee auf dem Campingplatz lebt und sich noch nie eingecremt hat – und dessen Haut aussieht wie ein englischer Ledersessel.

Aber sicherlich gibt es im Haustierfachgeschäft Nacktkatzensonnencreme, wasserfest und mit hohem Lichtschutzfaktor für € 39,99.

Wenn man eine besonders intelligente Nacktkatze hat, kann es sein, dass man auf seinem Tisch eine pfotengeschriebene Notiz findet: *„An meinen Dosen öffnenden Mitbewohner, ich möchte mal Salzwasser auf meiner Haut spüren, will hören, wie die Möwen über mir kreischen, es soll nach Kokos-Sonnenmilch und Pommes riechen. Nimm mich gefälligst mal mit an den Strand. Auf die Idee hättest du ja vielleicht auch selbst mal kommen können, du Kretin! Wenn du es nicht tust, werde ich deinen Computer hacken und all deine Konten sperren."*

Muss man dann sofort reagieren und als Anhänger der Badekleidung der Katze zuliebe an einen FKK-Strand gehen? Man selbst, nicht besonders FKK-erfahren, wäre mit all den hängenden, wackelnden und glänzenden Geschlechtsteilen komplett überfordert und würde die Katze mit sehr viel Sonnencreme einschmieren. Immer und immer wieder. Eincremen als wiederkehrende Übersprungshandlung. Die verschmuste und mit einer dicken weißen Fetthülle eingeschmierte Katze würde es natürlich lieben, wie ein überdimensionales Zäpfchen auszusehen. Sie würde schnurren.

Dann würde sie sich lustvoll im Sand aalen, sich regelrecht panieren und sich danach anfühlen wie 40er-Schmirgelpapier. Wäre es jetzt o.k., mit ihr alte Türrahmen abzuschleifen?

Was macht man, wenn man zu Hause eine frisch eingecremte Nacktkatze auf den Arm nehmen will? Flutscht sie einem nicht ständig durch die Hände? Ist es nicht auch gefährlich, wenn flutschige Nacktkatzen wie abgefeuerte Flakmunition durch die Wohnung schießen? Sie sind ja aufgrund ihrer Haarlosigkeit auch sehr aerodynamisch und dadurch schnell.

Sind Nacktkatzen im Zweifel ein Fall für UN-Waffenkontrolleure?

Dagegen gibt es mit ziemlicher Garantie im Haustierfachgeschäft Nacktkatzen-Anti-Flutsch-Creme für € 49,99.

Nacktkatzen müssen sich doch ständig irgendwie underdressed fühlen. Aber vielleicht gibt es ja im Haustierfachgeschäft Nacktkatzenmäntel aus echten Katzenhaaren für € 899,99. Ich kann mir vorstellen, dass Nacktkatzen vieles dafür tun würden, sich so einen Mantel zu kaufen.

Aber genau weiß ich es natürlich nicht.

Die Frage, die mich nicht mehr loslässt: Würden Nacktkatzen sich eventuell nur deshalb keinen Katzenfellmantel kaufen, weil sie sich nicht für eine Fellfarbe entscheiden können?

URZEITKREBSE

DER BESTE TAG als Kind war der Tag, an dem das YPS-Heft rauskam. YPS war ein Comic-Magazin für Kinder. Mit den Figuren Yinni und Yan, Pif und Paf, mit Percy Pickwick, der Gespenster GmbH, mit vielen Rätseln und Mitmachseiten. Das war schon toll.

Das Beste an diesem Heft waren jedoch die Gimmicks. In jeder Ausgabe gab es ein kleines Spielzeug oder was zum Erwachsenennerven. Einen Ostereierbaum, einen Solarzeppelin, eine Maschine, die viereckige Eier machen konnte, ein Geheimagenten-Set, Springbohnen, Edelsteine, die man sich in einer kleinen Box in die Fahrradspeichen klemmen konnte, um darin die Steine zu schleifen, manchmal Zaubertricks und auch mal ein kleines Katapult. Das großartigste, alles überragende Gimmick waren allerdings die Urzeitkrebse.

Ein Urzeitkrebs ist ein besonders widerstandsfähiger Salinenkrebs, den man heute in Zoohandlungen als Zierfischfutter verkauft. Meine ersten Haustiere waren also Zierfischfutter-Urzeitkrebse. Mit bloßem Auge kaum zu erkennen wachsen sie irgendwann zu einer erkennbaren Größe heran. Die Aufzucht ist kinderleicht: Einfach das grobkörnige Pulver in Salzwasser schütten, ab und zu umrühren, damit Sauerstoff reinkommt, alle zwei Wochen füttern, fertig.

Leider habe ich meine Exemplare aus Versehen zu Tode gequält. Meine Idee, das Wasser nicht umzurühren, sondern große Blasen zu machen, indem ich mit einem Strohhalm Luft ins Wasser gepustet habe, war dann doch zu viel für die widerstandsfähigen Dinger. Ohne Sauerstoff kein Wachstum. Und auch kein Leben. Sie sind genauso elendig verendet wie meine Hoffnung auf neue Freunde in Form von Krebstierchen. Also landeten die Urzeitkrebse irgendwann als trübe Suppe im Klo. Das war nicht so schön. Der schwache Trost: Immerhin gab es nächste Woche wieder ein neues Gimmick.

„Oh. Eine Maschine, die ein Stück Papier in einen Zehnmark-schein verwandeln kann! Muss ich haben."

Ab und zu, wenn ich die Klospülung betätige und dem Rauschen lausche, denke ich sorgenvoll an meine Urzeitkrebs-familie. Dann frage ich mich, ob vielleicht doch einige von ihnen überlebt haben und was sie heute machen. Man hört ja immer wieder von Alligatoren und Krokodilen, die in der Ka-nalisation überleben. Und Urzeitkrebse? Vielleicht konnten sich ein oder zwei in der Kloake von Partikeln ernähren und wachsen. Sie sind immer größer geworden, sind irgendwann durch ein Abwassergitter geschlüpft und weitergewachsen. Irgendwann haben sie ihre Urzeitkrebs-Leiber in ein still-gelegtes Kanalrohr gewuchtet und sich da weiterentwickelt.

Vielleicht sind sie so groß geworden, dass es irgendwann einen Evolutionsprozess gab: Über die Jahre haben sie ein Äußeres entwickelt, das denen der Menschen sehr ähnelt. So können sich Teile von ihnen fast unerkannt unter uns Men-schen bewegen.

Vielleicht haben es einige geschafft, eine Schule zu besuchen oder sogar zu studieren. Volkswirtschaftslehre zum Bei-spiel oder Maschinenbau. Einige sind eventuell mittlerweile Außendienstmitarbeiter für Rasendünger, andere braten an der Raststätte die Currywurst. Es gibt bestimmt sehr gut-mütige Urzeitkrebse mit kleinen Urzeitkrebsfamilien, die ganz normal und unerkannt in der Mitte der Gesellschaft an-gekommen sind und die man höchstens am Baggersee oder an der Nord- oder Ostsee daran erkennen kann, dass sie nach Meer riechen und dass viele kleine Zierfische auf sie abfahren.

Aber es gibt mit Sicherheit auch sehr unangenehme Exem-plare. Mit sehr einfachem, störrischem Urzeitkrebsgedanken-gut wühlen sie dieses Land als Kommunalpolitiker:innen auf. Machen da richtig Karriere und sitzen als Faschist:innen, die braune Gedanken absondern, im Bundestag.

Würde passen, schließlich haben sie sich lange von brauner Scheiße ernährt und sind in der Kanalisation aufgewachsen.

MORNING SHOWS

PSSSST. DIE WECKER-INDUSTRIE hat die Menschen ja zum Glück irgendwann verstanden.

Es gibt mittlerweile sanfte Wecker, die einen mit Tageslichtimitationen, Wellenrauschen oder leichtem Vogelgezwitscher wecken. Ganz langsam, ganz sanft, ganz vorsichtig.

Ich wünsche mir, dass diese Erkenntnis auch bei den Radiosendern ankommt. Da sitzen Moderatorinnen und Moderatoren, die in etwa so sanft sind wie 50 Kilo ausgehärteter Stahlbeton, der einem mit 300 km/h an den Kopf geworfen wird. Hinter dem Mikrofon hocken hibbelige Schreihälse, die offenbar unter wochenlangem Schlafentzug leiden und ihre Müdigkeit mit vielen Litern Energydrink und Kaffeepulver kompensieren müssen. Aufgedrehte Menschen, die in neonfarben lackierten fetten Großbuchstaben schreien. Koberer der schrillen Laune, überdreht und immer im roten Bereich. Wenn ich Morning-Show-Moderator:innen zuhören muss, matscht es unangenehm in meinen Ohren.

Sie keifen, schreien und spielen unerträgliche Musik. Alles zusammen ist der ideale Soundtrack, um sich den kleinen Zeh am Türrahmen zu brechen, deswegen auf die Fliesen zu fallen und sich die Schneidezähne rauszuschlagen.

Natürlich kann ich einfach das Radio ausschalten oder gar nicht erst einschalten. Trotzdem die Frage: Warum gibt es keine leisen Morning Shows? Ich mach mir wirklich Sorgen, dass die leisen Töne irgendwann aussterben.

Die nächste logische Stufe dieser Nervensägen wäre eine Betonfräse, gemischt mit einem Presslufthammer und einem startenden Düsenjet.

Wer hat eigentlich wann entschieden, dass alle Morning Shows im Radio viel zu laut sein müssen? War es vielleicht ein schwerhöriger Programmchef, der irgendwann in einem vernebelten Herbst 1981 gesagt hat: „JA! DEN NEHMEN WIR, DEN KANN ICH V-E-R-S-T-E-H-E-N! UND

SEINE WITZE SIND AUCH SCHÖN EINFACH! HA! HA! HA!"

Beziehen sich alle nachfolgenden Entscheider:innen auf diesen einen schwerhörigen Dinosaurier-Entscheider, indem sie sagen: „Ah. Das haben wir schon immer so gemacht! Lass weiterhin unangenehm laute Menschen ans Mikro setzen. Menschen lassen sich gern von diesen Leuten wecken und anzünden, das zeigen die Marktfoschungsergebnisse."

Viel schlimmer als die lauten und unangenehmen Morning-Show-Moderator:innen ist allerdings, dass sich das Laute, Unangenehme, Schrille, Überdrehte auf die Hörer:innen zu übertragen scheint.

Die leisen Töne wären mal wieder gut. Nicht nur im Radio.

VERSUCHE SEIT STUNDEN, DEN ASPIRIN-BEIPACKZETTEL ZUSAMMENZUFALTEN UND ZURÜCK IN DIE PACKUNG ZU STOPFEN. HABE DAVON KOPFSCHMERZEN BEKOMMEN.

Sorge No. 3497612

WAHLEN

IN EINEM KLASSENRAUM. Die Luft ist schlecht, Menschen, die seit 20 oder 30 Jahren nicht mehr in der Schule waren, schieben ihre Leiber auf viel zu kleinen Schulmöbeln hin und her und arbeiten ihre Traumata auf. Vorne stehen zwei Lehrkräfte, geben sich alle Mühe, versuchen, diese verrotteten Eltern mit relevanten Informationen zu versorgen und gucken in Gesichter, die vor allen Dingen eine Information vermitteln: „Ich will hier raus."

Hier sitzen die Engagierten, die Ignoranten, die Süchtigen, die Dummen, die Gehänselten, die Schlauen, die Besorgten, die Mobber und natürlich der, der heute von sich sagt: „Ich war immer der Klassenkasper", ein Gefühl, das er heute auf Weihnachtsfeiern und Betriebsausflügen auslebt. Wer hier nicht sitzt, sind die Eltern, denen ihre eigenen Kinder scheißegal sind. Aber auch die gehören dazu. Man beäugt sich, beobachtet sich, hat andere Dinge im Kopf als diese Qualstunde und fühlt sich, als ob man zum Nachsitzen verdonnert wurde. Es geht um den Lehrplan, um Schulbücher, das Schulessen, die Ausstattung der Klasse, die Hygienevorschriften, die Klassenreise, um Klassenpaten, die Theater-AG und um Luftfilter.

Die Luft ist noch schlechter als zu Beginn, es fühlt sich für alle wie die 49. Stunde an. Die Klasse ist innerlich aufgewühlt und äußerlich erschöpft, Gehirne laufen gleich über, alle wollen nach Hause und endlichendlichendlich kommt der Abschluss: „So, liebe Eltern, das war der erste Elternabend des Jahres. Gibt es noch letzte Fragen?"

Es meldet sich ein Mann mit hektischen Flecken am Hals. In Manufactum-Vollausstattung und fliehendem Kinn. Müsste ich das Kinn in seinem Gesicht sein, würde ich auch versuchen zu fliehen. „Nuuuun, meine Tochter Cleothilde-Almuth Erika von Backenzahn hat Allergien gegen Ranzen, Wände und Masken. Außerdem gegen Joghurt und Tusche.

Es ist wichtig, dass sie auf der Klassenreise kein Trampolin springt und dass ich sie zusammen mit meiner Frau, deren Bruder, unseren Eltern und unseren Nachbarn begleiten kann. Sollte meine Tochter mit zu einer Klassenreise kommen, möchte ich doch bitte wissen, wie die Sicherheitsvorkehrungen sind. Und ich möchte wissen, ab wann das Leistungsprinzip zu wirken beginnt. Des Weiteren möchte ich Ihnen sagen, dass ich meine Tochter, die Cello spielt, seit sie drei ist, und fließend altgriechisch spricht, bis in den Klassenraum bringen werde. Mit meinem Wagen. Keine Sorge, ist ein Tesla. Vielleicht bringe ich sie auch mit dem Helikopter. Wichtig wäre natürlich noch, dass Sie uns noch schnell sagen, welche Themen in Biologie, Geschichte und Wirtschaftswissenschaften drankommen. Wichtig auch, wann Sie gedenken, die mittelgroße, eingeschraubte Hydropnokalastrusodontose, also die Verallgemeinerung der koeffizienten Täuschungshyperbel, zu beweisen. Ist ja in der Geschichte der Mathematik noch nicht gelungen. Ich denke, meine Tochter wird das schaffen. Ich möchte gern wissen, wann genau die Arbeiten dazu geschrieben werden. Denn die Pläne, die wir mit unserer Tochter haben, sind klar: Turbo-Abi mit Einser-Durchschnitt, Auslandsjahr mit Praktikum im Banken- oder Immobiliensektor, Studium der Wirtschaftswissenschaften, Parteieintritt in die FDP, da lernt sie unseren zukünftigen Schwiegersohn kennen, lässt sich Eizellen einfrieren, macht Karriere als Start-up-Gründerin, gibt Interviews im Handelsblatt und besucht uns ab und zu in unserem Ferienhaus in der Toskana, wo sie ihre Dissertation schreiben wird. Mit 45 wird sie Mutter eines hochbegabten Kindes. Ich werde als Großvater unterstützen und immer zu Elternabenden gehen und dem Kind den Weg ebnen. Ich bin übrigens Anwalt und erwarte jetzt, dass sie meine Fragen beantworten – so viel Zeit muss sein."

Die Luft ist jetzt so dick, dass man sie mit einer Kettensäge durchtrennen muss. Vorher muss man sie allerdings freisprengen. Die Luft ist ein Fels, der Mount Everest der schlechten Laune.

Ab hier dauert es jetzt noch weitere zwei Stunden, bis der Anwalt zufrieden ist. Cleothilde-Almuth Erika von Backenzahn bekommt einen Einzelplatz mit rückenschonendem Bürostuhl und darf während der Mathestunden Cello spielen. Die Lehrkraft atmet einmal tief ein, der Raum ist jetzt komplett sauerstofffrei. Danach klatscht sie erleichtert die folgenden Silben:

„Nun. Ich denke, dass wir jetzt aber wirklich alle Fragen beantwortet haben", dann guckt sie einmal in die Runde, sieht in jedes Augenpaar. Sie sieht Erschöpfung. Wut. Verzweiflung. Aufgabe. Dann sagt sie das verheerende Wort.

„Oder?"

Es meldet sich eine Frau. Sie trägt ein rostrotes Kleid, dazu ausgetretene Sandalen und die Haare zur wilden Hochsteckfrisur aufgetürmt.

„Ist denn der Früchtetee auf der Klassenreise auch wirklich vegan?" Auch diese Frage wird beantwortet, ebenso die nach dem Härtegrad der Bleistifte, nach Nachhilfemöglichkeiten und auch die Frage nach dem kleinen Schulzoo wird sehr geduldig behandelt.

„Liebe Eltern, jetzt wünsche ich Ihnen allen … Moment. Ach, haha, Entschuldigung. Jetzt haben wir doch tatsächlich das Wichtigste vergessen. Die Wahl zum Elternvertreter. Gibt es Freiwillige?"

Der Rest ist Schmerz.

Wer eins und eins zusammenzählen kann, weiß: Der Elternvertreter, der ein bundesweites Elternabendverbot in seinem Wahlprogramm verankert, bekommt 99 % aller Stimmen. Hundertprozentig.

ANSICHTSSACHEN UND ZUCCHINI

GIBT ES EINEN Gott? Oder ist es eine Göttin?

Oder ist das Horoskop aus dem Klatschblatt eine göttliche Macht, nach der man sich richten sollte?

Hat der Abend so gestern wirklich stattgefunden oder war der Schnaps einfach zu stark?

Hat der Käse Löcher oder haben da ein paar Löcher einfach einen Käserand?

Ist ein Stein ein Minifels oder ein gigantisches Sandkorn?

Was stimmt, was ist ausgedacht?

Aus welcher Perspektive soll man Dinge betrachten, wenn man sich noch nicht mal bei einem Stein sicher sein kann, was genau er ist?

Es ist zum Verzweifeln – man weiß ja gar nicht mehr, was wahr ist und was nicht. Und man weiß auch nicht, ob die Dinge wirklich das sind, was sie vorgeben zu sein.

Hier ein paar Dinge, von denen ich meine, dass sie wirklich das sind, was sie sind.

Aber vielleicht stimmt das auch nicht, sicher kann man sich ja nie sein.

- Liegeräder sind eigentlich die Nacktschnecken unter den Fortbewegungsmitteln: lang, hässlich und sie stören, wenn sie auf dem Weg sind. Sie werden außerdem von den wenigsten gemocht.

- Eisbergsalat ist lediglich knackiges Wasser: geschmacklos, laut, kaum sättigend. Allein sehr langweilig. Aber gut, wenn man Durst hat.

- Reiswaffeln sind tatsächlich Raufasertapeten in Wurstscheibenform. Irgendwann hat mal jemand in einer Raufasertapetenfabrik gesagt: „Wenn wir anstelle von Papiermatsch und zerfaserten Holzsplittern Reis in unsere Maschinen kippen und sie zu 0,5 Zentimeter dicken Platten ausrollen, aus denen wir mit einer Stanze CD-gro-ße Scheiben ausschneiden, können wir reich werden, weil kleine Kinder es lieben werden, diese Masse anzusabbern und in Lücken zu speicheln, wo man sie nie wieder heraus-bekommt. Haltbarer als jeder Sekundenkleber. Ich bin ein Genie!" So ist diese Horrornahrung entstanden. Aus-schließlich Eltern in Großstädten lieben diese Reiswaffeln, weil die Kinder endlich mal länger als zwei Sekunden ruhig sind. Und weil kein Zucker drin ist.

• Die sozialen Medien sind eigentlich schwarze Löcher, in die man seine Zeit reinschaufelt: werden zum Diskutieren, Lügen, Hassen oder für Selfies genutzt – stundenlang. Und die heutige Generation wächst damit auf. Bedenklich!

• Kindergeburtstage sind eine Leistungsschau: Übertrieben inszenierte Glücklichkeit soll mit Zucker und Pressfleisch in Panade in das Erinnerungsvermögen der Kinder gefräst werden. Gefährlich!

• Katzenklos sind die Goldmine des „kleinen Mannes": Das Glücksgefühl, mit der Schaufel durch das verklumpte Streu zu ackern und auf ein Nugget zu stoßen, ist unvergleichlich. Sowohl Gold als auch Katzenscheiße sind Naturprodukte.

• Zucchini wurden als Verpackungsmaterial gezüchtet. Das Kürbisgewächs ist ein Schummelgemüse, nimmt mimikry-artig die Form einer Gurke an (auf Zucchini-Wettbewerben und in Schrebergärten gern auch mal Form und Größe eines Zeppelins). Zucchini sind komplett geschmacks-neutral, man kann sie würfeln und als Saucenträger einer Tomatensauce unterjubeln, man kann auch moderne „Zoodles" aus ihnen machen. Dafür wird ein Zucchino in Fäden gehobelt und in der Pfanne gebraten. Zoodles schmecken nach den Gewürzen, mit denen man sie würzt, und nach dem Öl, in dem man sie brät. Sonst nach nichts. Hätte ein Zucchino nicht einen italienisch klingenden

Namen, sondern würde „geschmacksneutrales Schaum-
gemüse" heißen, würde sich kulinarisch niemand dafür
interessieren. Dazu passend: Die Deutschen lieben Rucola.
Aber Rauke lassen sie links liegen.

- 99 % aller „To-do-Listen" heißen insgeheim „Wird-doch-
eh-nix-Listen".

- Pistazien sind eigentlich das Crystal Meth unter den
Schalenfrüchten. Nein. Sie sind schlimmer. Öffnet man
eine und steckt sich den salzigen Kern in die Backen, ist
es um einen geschehen. Man muss immer mehr davon
haben. Eine Pistazienpackung, egal wie groß, entspricht
dabei einer Einheit. Nicht wenige Menschen schaffen es,
einen Zweikilobeutel an einem Abend wegzunaschen.
Körperliche Spätfolgen sind immens: Das Verdauungs-
system kapituliert, die Fingerkuppen fransen aus. Nervöse
Menschen tippeln vor dem Nussregal im Supermarkt und
suchen nach der Ware. Pistazien sind so teuer wie ein
Kleinwagen, nicht selten endet Pistaziensucht deswegen
in Beschaffungskriminalität.

- Das Reißverschlussverfahren im Straßenverkehr ist in
Wirklichkeit ein groß angelegter IQ-Test, der von den allermeisten Menschen nicht bestanden wird.

Diese Gedanken sind eigentlich totaler Quatsch, sie sind
nicht mal Sorgen.

Also wirklich.

Ach, doch. Eine Sorge hab ich natürlich noch: Würden
Zucchini gern nach was schmecken? Und wenn ja, nach was?
Hoffentlich nicht nach Aubergine. Die schmeckt nämlich
auch nach nix.

ÜBERRASCHUNGEN

WER DEN SPONTANEN Nervenkitzel sucht, muss sich nicht extra einen Horrorfilm ansehen. Achterbahnfahrten sind adrenalinmäßig auch überbewertet, Bungeesprünge sowieso. Es reicht vollkommen, sich in einer öffentlichen Toilette die Hände zu waschen. Da wird einem das Adrenalin mit Hochdruck in die Venen gepumpt.

Du glaubst mir nicht, dann stell dir bitte mal folgende Situation vor: Klingt unglaublich? Ist es nicht. Hier die Situation:

Auf einer Hochzeit in einem gemieteten Etablissement, das 6-Gänge-Menü und der knapp 80-minütige Redeschwall vom Schwiegervater sind gerade zu Ende gegangen. Schnell zum Klo. Die Geigen, die da vom Alleinunterhalter Stakkato gespielt werden, untermalen diesen Spannungsbogen dramatisch.

Man geht in den Kachelpalast, erledigt sein Geschäft und will sich anschließend die Hände waschen. Und da ist sie dann, die erste Enttäuschung: Es gibt keine Einhebelmischarmaturen, auch keine Drehknöpfe. Sondern Wasserhähne, die mit diesen gefährlichen Sensoren ausgestattet sind.

Die funktionieren so: Man wedelt vor dem Sensorfeld.

Es passiert ...

Nichts

Nichts

Nichts

Nichts

Nichts

Also hektisch weiterwedeln. Näher rangehen. Mit dem Sensorfeld reden. Weiter wedeln. Es passiert ...

Nichts

Nichts

Nichts

SPROTZ!

Und man sieht aus, als hätte man seinen Harndrang nicht unter Kontrolle. Der Schritt ist voller Wasserspritzer. Mit Papierhandtüchern ist der Schlamassel so gut wie nie zu beheben, weil in Toilettenräumen immer häufiger diese Flugzeugdüsen zum Händetrocknen verbaut sind. Die hängen wirklich enorm ungünstig an der Wand. Oder es gibt dort diese Stoffhandtuchspender, die man auch nicht mal eben von der Wand reißen kann. Bleibt nur pusten, aber das hilft auch nicht viel.

Also schlendert man ungelenk zurück zum Platz und weiß genau, dass alle Augenpaare auf jeden Fall auf das vermeintliche Malheur gerichtet sind.

Wer bitte sind die Leute, die sich solche Wasserhähne ausdenken? Frustrierte Ingenieure? Fiese Tüftler? Leute wie Dagobert, der Kaufhauserpresser, der Ende der 80er und Anfang der 90er das Land mit sehr fantasievollen Erpressungsversuchen auf Trab hielt? Gibt es für solche Sensorwasserhähne schon Erlebnisgutscheine von Jochen Schweizer?

Wenn man es zurück zum Platz geschafft hat, nimmt man erleichtert einen Schluck vom mittlerweile nicht mehr ganz so kalten Getränk, das auf einen gewartet hat. Man hebt das Glas, ein Tautropfen glitzert noch im Gegenlicht und fällt in einer wunderschönen Zeitlupenaufnahme in den Schritt.

Natürlich spielt in diesem Moment der Alleinunterhalter ein Schumperlied und es folgt auch schon die erste Tanzaufforderung.

Im Grunde genommen sind diese Sensorwasserhähne keine Badarmaturen, sondern verchromte Ausredengeneratoren. „Ah, nee, sorry, ich kann gerade nicht aufstehen – mir ist vorhin irgendwie die Kniescheibe verrutscht."

Was diese als Sensorwasserhähne verkleideten Ausredengeneratoren schon an schönen Momenten und an Romanzen verhindert haben müssen, bereitet mir wirklich Kopfzerbrechen. Darf ich echt nicht drüber nachdenken.

PEINLICHKEITEN

SOLLTEN MEINE SORGEN nicht mehr reichen, die eigenen Sorgen mal kurz zu vergessen, kommt hier eine kleine Zusammenstellung von peinlichen Momenten von ein paar Menschen, die ich nach ihren schlimmsten Peinlichkeiten gefragt habe.

Peinliche Momente sind der emotionale Atommüll, den man durch sein Leben schleppt. Egal wie gut, bunt und fröhlich das Leben ist: Irgendwo in der Erinnerung schlummert ein peinlicher Moment wie so ein rostiges, mit radioaktiven Abfällen gefülltes Fass. Jederzeit bereit, um die Situation zu kontaminieren.

Also die richtig großen peinlichen Momente. Nicht die kleinen, so was wie „Als ich mal mit einem Fleck auf dem T-Shirt rumgerannt bin" oder „Als ich in der 3. Klasse mal ‚Mama' zu meiner Lehrerin gesagt habe", sondern die, die wie Monster in den Erinnerungen warten darauf, rausgelassen zu werden. Diese pulssteigernden Sorgen, die einen immer noch einschränken, kommen immer genau dann an die Oberfläche, wenn es gerade so schön ruhig um einen geworden ist und man eigentlich bereit wäre, in seinem kuscheligen Bett einzuschlafen. Es ist gut, sich diese Peinlichkeiten vom Herzen zu reden. Das hat zwei gute Gründe: Erstens wird eine Peinlichkeit immer lustiger, je häufiger man sie erzählt. Zweitens hat man wieder Platz im Herzen – für neue Peinlichkeiten.

Natürlich habe ich selbst ein riesiges Füllhorn an Peinlichkeiten anzubieten. Aber ich habe mich auch mal umgehört. Hier kommen ein paar echt richtig schlimme Peinlichkeiten.

Ich habe mal einen Wetsuit gekauft, einen Anzug zum Wellenreiten. Das war in Australien. Die supercoolen Surfshopbetreiber haben mich mit ihrer Erfahrung und ihrem Augenmaß angeguckt und mir ein paar Wetsuits zum Anprobieren gegeben. Die Teile haben nicht gepasst. Auch die nächsten nicht. Und die nächsten auch nicht. Irgendwann, als ich mich in den 15. Wetsuit gestopft hatte, meinten sie, dass ich doch mal rauskommen sollte. „Ah, o.k.", meinten sie. „Der Reißverschluss gehört nach hinten." Mein roter Kopf hat den Kontinent um zwei Grad erwärmt. Und jedes Mal wenn ich in einer Umkleidekabine stehe, denke ich an diese Geschichte.

Ein Freund von mir ist mal von seinem eigenen, sehr mächtigen Furz aufgewacht. Das allein ist schon nicht so schön, dazu kommt allerdings, dass er den Furz direkt auf einen nackten Oberschenkel gesemmelt hat. Der Oberschenkel gehörte zu seinem sehr heißen One-Night-Stand. Die beiden haben sich nie wiedergesehen.

Ein anderer Freund war mit einem Kumpel auf Reisen. Sie haben sich ein Hotelzimmer mit zwei Betten geteilt. Der Kumpel musste nachts auf Klo, ist zur Toilette gegangen. Der Zimmernachbar hat das Licht angemacht – und gesehen, dass der Typ im Stehen in den Kleiderschrank gepinkelt hat. Danach ist er zum anderen ins Bett gekrochen und wollte kuscheln. Er ist Schlafwandler.

Vor einem Club hat eine Freundin einem Typen, der reinwollte, gesagt, dass die Band, die gleich spielen würde, total beschissen sei und es sich nicht lohnen würde, reinzugehen.

Es war der Sänger der Band.

Ein anderer Freund war in einem Club in einem eher verworrenen Kellergewölbe. Er war schon ziemlich betrunken und hatte sich sehr ins Feiern reingesteigert. Die Musik war richtig gut, er hat getanzt und tanzend die Bar gesucht – und nach ein paar Momenten auch gefunden. Da stand er, hat der Barfrau seine Bestellung gesagt und gewartet. Und weitergetanzt, den Kopf in den Nacken geworfen, mit offenem Mund und glasigen Augen den Moment genossen und immer wieder ekstatisch gejohlt: „... wie geil ist es hier!!!" Irgendwann hat er sich gewundert, warum alle Leute ihn so komisch angucken. Und warum die Musik so leise ist. Und warum alle sitzen.

Er war im benachbarten Restaurant gelandet.

Eine andere Frau hatte ein Date in einem Restaurant und war kurz zur Toilette. Als sie wiederkam, stand da schon ihr Essen. Sie hat sich hingesetzt und voller Vorfreude das Besteck in die Hand genommen. Als es hinter ihr räusperte. Da stand eine empörte Oma. Die Frau hatte sich an einen falschen Tisch gesetzt. Der Mann, der zur empörten Oma gehörte, hat sprachlos lächelnd einfach zugesehen.

Ich habe von einem Teenie gehört, der sein Handy mit aufs Klo genommen hatte. Da hat er gedaddelt und gedaddelt und gesessen. Lange gesessen. Sehr, sehr lange. Als er endlich mit seinem Geschäft und den vielen neuen Leveln fertig war, hat er sich den Hintern abgewischt und ist aufgestanden. Leider waren ihm beide Beine eingeschlafen – er ist vornüber hingeschlagen, beim Versuch sich aufzufangen, brach er sich beide Handgelenke. Eine furchtbare Situation.

Oder die kleine Geschichte der Frau, die als Bodenpersonal am Flughafen arbeitet. Sie hat, als es beim Einsteigen ins Flugzeug noch ein Lunchpaket gab, eins genommen. Das war so üblich. Denn sobald alle Passagiere an Bord und noch Lunchboxen übrig waren, durfte das Bodenpersonal sich bedienen. Sie hat sich also eine Lunch-Box genommen und herzhaft in ein Brötchen gebissen. An jenem Morgen kam ein verspäteter Fluggast angerannt. Die Flugbegleiterin steckte panisch das angebissene Brötchen zurück in die Tüte und legte die Tüte zu den anderen übrig gebliebenen Boxen. Leider war es genau diese Tüte, die sich der Passagier schnappte und sich bedankend an Bord eilte.

Oder die sehr peinliche Geschichte der Frau, die in ihre erste Wohnung gezogen ist. Sie hatte keinen Umzugskarton, kein Umzugsunternehmen, sondern nur einen Reiserucksack dabei, den gerade geleert und den Inhalt verstaut. Dann hat sie ihn ausschütteln wollen überm Balkon. Im vierten Stock. Sie hat den Rucksack umgedreht, ordentlich gerüttelt – und dann segelte in aller Ruhe eine schwarze Unterhose heraus. In Zeitlupe. Sie landete ganz gemütlich auf dem Balkon im zweiten Stock. Schöner Einstand. Die Unterhose war natürlich benutzt.

Die Geschichte der Frau, die ihren ersten Tag in der neuen Firma hatte. Die Woche davor hatte sie eine richtig schlimme Grippe und musste Antibiotika nehmen. Da sie überhaupt keine Antibiotika verträgt, hatte sie furchtbare Blähungen und aufgrund der ganzen Husterei einen entzündeten Nerv am Auge, was dazu führte, dass sie ständig unkontrolliert geblinzelt hat. Musste sie niesen, kam auch immer Luft hinten mit raus. Das ist ein toller Einstieg, wenn man mit einem Haufen neuer Kollegen zusammensteht, denen ständig zuzwinkert und bei jedem Husten oder Niesen die Flucht ergreift, weil man laut pupsen muss. Entspannt geht anders.

Oder die kleine Geschichte von dem Vater, der seine Jüngste mittags aus der Schule zurückerwartete. Er wollte sie auf Knien mit lustigem Hundegebell an der Tür überraschen.

Es klingelte, er kniete vor der Haustür und bellte wie ein durchgeknallter Hund.

Vor der Tür stand der DHL-Mann.

Da gibt es noch die Geschichte von meiner Mutter und mir. Davon abgesehen, dass ich, wenn wir Bus gefahren sind, immer auf dem Platz vorne rechts neben dem Busfahrer sitzen musste und jede seiner Bewegungen nachgemacht habe – das Klacken des Blinkers oder das laute „pfffffffffffft", wenn die Türen geöffnet wurden. Einmal habe ich den Busfahrer angesehen und zu meiner Mutter gesagt: „Mama, das ist doch der Mann, der heute bei uns geschlafen hat!" (Nein, hat er natürlich nicht.)

Komisch, dass einem Peinlichkeiten eher im Gedächtnis haftenbleiben als schöne Momente. So wie Saucenflecken auf einem weißen T-Shirt. Peinlichkeiten sind die exponierten Stellen im Lebenslauf.

Peinlichkeiten gehören zum Leben wie Narben im Gewebe, sie sind wichtig für den Prozess.

Am besten ist es, wenn einem nichts mehr peinlich ist. Ein Zustand, dem ich seit vielen Jahren hinterherrenne – stolpernd. Und dabei reiße ich regelmäßig Sachen um.

Eigentlich mache ich mir nur Sorgen darüber, dass ich irgendwann mal keine Peinlichkeiten mehr erlebe. Wär vielleicht im Moment des Erlebens ein bisschen angenehmer, aber im Grunde genommen auch ziemlich langweilig. Was hätte man denn dann noch zu erzählen? Vom letzten Urlaub, wo alles wie am Schnürchen geklappt hat? Das wär ungefähr so aufregend, wie davon zu schwärmen, dass man in Excel mal eine Zeile eingefügt hat.

IMMER WENN ICH SPARGEL ESSE, DENKE ICH AN URIN.

Sorge No. 7763494

TRÄUME

WENN ICH MICH in mein Bett lege, versuche ich mein Gehirn so einzustellen, dass ich einen schönen Traum träume. Fliegen können, Rockstar sein, die Steuererklärung rechtzeitig abgeben, so was. In meiner Traum-Mediathek sind aber meistens nur andere Sachen zu finden. Ein sehr häufig gesagter Satz in der Menschheitsgeschichte ist: „Ich wünschte, dass alle Träume wahr werden."

Wenn ich mir allerdings meine Träume so betrachte, weiß ich ehrlicherweise gar nicht so genau, ob ich das will.

Ich habe mal davon geträumt, dass Otto Waalkes Brillen ausprobiert. Er hockte dabei allerdings wie Gollum auf dem Boden. Nicht in einer Höhle, sondern auf einem Zebrastreifen direkt vor Fielmann.

Ich habe schon geträumt, dass Fußballspieler nach einem Treffer erst ein Lagerfeuer auf dem Elfmeterpunkt entfachen müssen. Mit einem Stock und etwas Zunder – das Feuer muss brennen, sonst zählt das Tor nicht.

Ich habe geträumt, dass ich von einer Schnecke gejagt werde.

Ich habe geträumt, dass die Zähne mitwachsen und auch die Füße immer größer werden, je mehr man zunimmt. Ich sah aus wie ein Hobbit-Säbelzahntiger und musste natürlich ganz normal meinen Alltag bestreiten, als wäre nichts gewesen. Da hätte ich lieber den klassischen Traum geträumt, in dem man als Einziger nackt ist. Wobei mir erst jetzt einfällt, dass es eine prima Diät wäre, wenn die Zähne bei Gewichtszunahme auch dicker würden. Sie würden so viel Platz im Mund wegnehmen, dass man nicht mehr so viel essen könnte. Eine Dickzahndiät.

Ich habe geträumt, dass ich mit Elton John zusammenwohne und er immer Nikita pfeift. Das war sehr anstrengend.

Einer meiner stets wiederkehrenden Träume ist der, in dem ich genau weiß, dass ich noch mein Abitur schreiben muss. Und ich weiß genau, dass ich nicht gelernt habe. Dann wache ich schwitzend auf und denke: „Verdammt! Wie soll ich es ... Moment! Äh – ich hab mein Abi doch schon lange." Diese erste Sekunde ist grauenhaft, aber wenigstens bin ich danach so wach, als hätte ich elf Liter Espresso intus.

Nervlich bin ich allerdings auch den ganzen Tag am Ende.

Ich habe geträumt, dass ich ein Reifen bin, und ich habe geträumt, dass es ein Haus gibt, in dem Anrufbeantworter wohnen.

Ein Traum aus meiner Kindheit ist der, dass eine Hexe hinter mir her ist, ich renne und renne und renne, um Ecken, ins Treppenhaus, die Treppe hoch, in die Wohnung, ins Kinderzimmer, auf den Balkon. Dort springe ich aus dem dritten Stock und lande im Kopfkissen, wo ich mit weit aufgerissenen Augen aufwache. Diesen Traum habe ich sehr oft geträumt.

Was passiert eigentlich mit unseren Träumen, wenn wir wach werden? Werden sie von anderen Leuten nahtlos weitergeträumt? Wer weiß, ob ich zufällig den Traum des Lebensgefährten von Elton John geträumt habe, weil ich genau in der Sekunde eingeschlafen bin, als dieser aufgewacht ist.

Sind Träume immer da und wir Menschen schalten auf die jeweilige Frequenz – wie beim Radio?

Bei meinen Träumen habe ich oft das Gefühl, dass sie aus den herausgeschnittenen Szenen von Träumen anderer Menschen bestehen. Ich träume Schnittabfall. Meistens ziemlich bekloppten Schnittabfall. Natürlich verarbeitet das Gehirn Erlebtes des Tages. Bei mir habe ich oft das Gefühl, dass mein Gehirn endlich Vollgas geben kann, wenn es mal von der Leine gelassen wird.

„ "

GIBT ES WISSENSCHAFTLICHE Erhebungen darüber, wie hoch der Beitrag zur Luftverschmutzung derer ist, die Anführungsstriche in die Luft zeichnen wenn sie etwas „besonders" betonen wollen? Vor allen Dingen, wenn es ungewaschene Finger sind. Womöglich noch mit dreckigen Fingernägeln. Oder darüber, wie viele Kalorien extra verbraucht werden, weil zum Besondersbetonen auch noch die Augenbrauen hochgezogen werden müssen, um der Betonung den nötigen Ausdruck zu verleihen. Wenn man das tatsächlich wissenschaftlich untersuchen sollte, könnte man auch gleich mit untersuchen, ob Menschen, die Schönheitsoperationen im Gesicht hatten und die deshalb nur über eingeschränkte Mimik verfügen, besonders häufig die „Luft zerkratzen", weil sie ihre Aussagen nicht mit geschürzten Lippen oder hochgezogenen Augenbrauen unterstreichen können. Also: Sie machen es ja, aber man kann es leider nicht sehen. Das sind Menschen, die besonders häufig missverstanden werden. Gibt es für diese Leute Selbsthilfegruppen? Muss man sich um die sorgen?

Die Erde wird von gut acht Milliarden Menschen bevölkert. Wenn nur ein Bruchteil diese Art der „besonders auffällig untermalten Betonung" nutzt, können das pro Stunde (so Pi mal Daumen) eine Million Menschen sein. Wie viel Luft dadurch verschmutzt und zerkratzt wird, wie viele Kalorien dadurch extra verbraucht werden, müsste auch mal wissenschaftlich untersucht und veröffentlicht werden. Wahrscheinlich würden dann aber besonders „lustige" Menschen wieder genau das kommentieren und dabei die Luft zerkratzen und die Augenbrauen hochziehen. Es ist ein Teufelskreis!

Deshalb lieber eine ganz andere Frage, von der ich weiß, dass sie hier so wenig reinpasst wie der Yeti in einen Kinderskianzug (Größe 128), ich stelle sie aber trotzdem: „Was wird aus den armen Panzermonteuren, wenn die Menschen sich nicht mehr richtig hassen?" – Wenn Menschen sich nicht mehr hassen würden, hätte das richtig spürbare Auswirkungen. Weniger Kriege, weniger Aufrüstung, Kurzarbeit in der Rüstungsindustrie, Halbtagsjob, Ende. Plötzlich herrscht Frieden auf der Welt!

Aber es sind ja nicht nur die Panzermonteure, die sich eventuell einen Job in einer Kuscheltierfabrik suchen müssen, wo sie flauschigen Teddys Knopfaugen annähen müssten. Es sind doch auch die Konzernchefs, die Blechbieger und die Metallzulieferer, die vielleicht gar keine neuen Jobs mehr finden können. Was ist mit denen? Auch einige Spekulanten, die ihre Dividende mit der Rüstungsindustrie machen, würden unfassbar viel Geld verlieren. Deren sozialer Abstieg wäre quasi vorprogrammiert. Und was sollen Waffenschmuggler schmuggeln, wenn keine Waffen mehr benötigt werden? Knopfaugen für Teddys? Bonbons? Wachsmalfarben? Selbst der Schwarzmarkt wird erliegen. Eine Erkenntnis, die mit der Sprengkraft von zehn Panzerfäusten ins Bewusstsein kracht: Wir können uns Frieden gar nicht leisten!

Deshalb schnell zurück zu einer anderen Frage: Wie genervt sind Hummeln davon, dass sie immer als Beispiel für das Unmögliche herhalten müssen? An sehr vielen Kühlschränken klebt ein Kühlschrankmagnet, an vielen Bürowänden hängen Bürospruchkalender, auf denen steht: „Die Hummel hat ein Gewicht von 1,2 g bei einer Flügelfläche von 0,7 cm^2. Nach den Gesetzen der Aerodynamik kann die Hummel nicht fliegen. Die Hummel weiß das nicht, die fliegt einfach."

Würden sich Hummeln auch einen Kühlschrankmagneten an den Kühlschrank kleben, auf dem steht: „Der Mensch hat einen Wortschatz von 12.000 bis 15.000 Wörtern und allein für das Gesicht 50 Muskeln. Nach den Gesetzen der Kommunikation hat der Mensch die Möglichkeit, alles mit dem Kopf zu sagen. Trotzdem kratzt er manchmal Anführungsstriche in die Luft. Und Blüten bestäuben kann er übrigens auch nicht!"

Na ja. Das ist jetzt nur eine „kleine Sorge".

WORK-WORK-BALANCE

ÜBER DEN JOB kann man sich sehr, sehr viele Sorgen machen. Die Angst vor einer Kündigung ist mitunter genauso groß wie die Angst vor einer Beförderung. Der Job nimmt im Leben unfassbar viel Zeit ein. Es heißt ja auch: „Erst die Arbeit, dann das Vergnügen." Für viele heißt es: „Erst die Arbeit, dann noch mehr Arbeit." Unsere moderne Arbeitswelt verlangt nämlich von den Menschen, dass man in seinem Beruf voll aufgeht. Personalabteilungen locken junge Menschen heutzutage mit Tischkickern, selbst gemachten Limonaden und niedrigem Gehalt. Der Preis dafür ist, dass man auch mittwochabends um 23:00 Uhr noch total lieb gemeinte WhatsApps vom Chef bekommt, in denen Arbeitsanweisungen stehen, aber netterweise reicht es, wenn der Job bis zum nächsten Morgen um neun Uhr erledigt ist. Man nimmt sich seine Arbeit eben mit nach Hause.

Easy.

Viele Menschen gehen voll in ihrem Job auf, weil sie ihr Hobby zum Beruf gemacht haben oder weil sie sagen: „Wenn ich jeden Tag das machen kann, was ich will, fühlt es sich nicht nach Arbeit an." Das ist ein schöner und beneidenswerter Zustand, wenn man das von seinem Beruf oder sogar seiner Berufung sagen kann.

Ich frage mich, was passiert, wenn man das Ganze so weit getrieben hat, dass man das Geldverdienerleben und das Privatleben so gar nicht mehr voneinander trennen kann. Wenn es eine Extremverschmelzung der Welten gibt. Wenn der Job bis ins Familienfrühstück lappt. Wenn die Ehefrau den Politiker-Ehemann fragt: „Schatz, kannst du mir mal bitte das Salz geben?", und er antwortet: „Lassen Sie mich eine Gegenfrage stellen. Warum ausgerechnet Salz? Denn bevor wir über Salz reden können, müssen wir erst mal über Zucker reden. Ich warne vor Zucker. Zucker ist gefährlich. Der Zuckerrutsch ist eine Gefahr für die Haushaltsdemokratie.

Unsere Grundwerte sind durch die Versüßung in Gefahr. Zu Ihrer Frage, geschätzte Kollegin: Am Salz hängen Tausende Jobs, Familien müssen ernährt werden. Das können wir nicht mal eben auf kommunaler Ebene diskutieren, das müssen wir im Bund sehen. Die Menschen brauchen Salz seit Generationen, wenn nicht seit Tausenden von Jahren. Wir können uns ein Leben ohne Salz gar nicht vorstellen! Ich werde eine Sitzung einberufen. Salz, dieses körnige Kulturgut, ist gerade in der Haushaltsdebatte unheimlich wichtig, aber wir brauchen da eine große, europäische Lösung. Dafür stehe ich. Und ich verspreche Ihnen, dass wir den Kraftakt schaffen werden. Korn für Korn für Korn."

Oder wenn der Bahndurchsager im Restaurant sitzt, eine Pizza bestellt hat und mit der Stimme eines blechernden Lautsprechers verkündet: „Die nachfolgende Pizza verspätet sich um ca. zehn Minuten. Grund ist eine Störung an der Gewürzmühle. Ze followink pizza is dilehd bai äprkxsimila-hamabelairadtidy Tenn minitz. Ze rihsn is a mälfanktschn in ze schbais mill."

Und wie es wohl sein muss, wenn der Profi-Ultra-marathonläufer mit der Familie spazieren geht und er erst nach 280 Kilometern nach Hause zurückkommt?

Ich möchte auch nicht wissen, wie es ist, wenn der Schmied seine Frau streichelt. Mit einem Hammer.

Der Falschparker-Aufschreiber wird vielleicht beim Einkaufen auch mit Stift und Block vor dem Marmeladenregal stehen und schief abgestellte Einkaufswagen aufschreiben. Und wenn eine liebe Omi ihren Wagen vor das Gurkenregal schiebt, kommt er sofort angeflitzt und sagt: „Nanana, das hab ich aber jetzt nicht gesehen. Wenn Sie den Wagen jetzt sofort wegschieben, drück ich aber noch mal ein Auge zu. Husch husch!"

Fahrlehrer würde man ebenfalls an ihrem Verhalten im Supermarkt erkennen. An Sätzen wie: „Wenn ich nichts sage, immer geradeaus. So, ja, hier beim Toastbrot mal eben rechts ran … erst blinken, dann in den Spiegel, dann Schulterblick. So, sehr gut, gaaanz ruhig. Toast mit rechts langsam in den Wagen legen. Ja, so ist gut. So. Und dann wollen wir mal wieder. Wir fahren jetzt an der Tiefkühltruhe vorbei, aber HAAAAAALT! Hier ist rechts vor links! Da kann immer was kommen. Jetzt gucken wir noch, ob da kleine Kinder rumflitzen – und dann ab zur Schnellkasse."

Oder Pantomimen, die sich mit Freunden treffen, um mal richtig einen auszuquatschen. Was da gefuchtelt wird!

Aber wer es wirklich schwer hat, wenn er nicht ganz diszipliniert Job und Freizeit trennt, sind Geisterbahn-Mitarbeiter. Man stelle sich mal vor, wie so ein erstes Treffen mit den zukünftigen Schwiegereltern aussähe.

Buh!

FINDET DIE MULTITASKING-WM AN ZWEI ORTEN GLEICHZEITIG STATT?

Sorge No. 324587

DAS ERSTE DATE

„WIR KÖNNEN DOCH mal was essen gehen" kann der Beginn von etwas Großem sein. Vor allen Dingen in der menschlichen Brunftzeit.

Spätestens wenn die Information „Ich habe ein Date! Mit einem echten Menschen!" ins Bewusstsein gesickert ist, beginnt ein komplizierter biochemischer Prozess, der ganz weit hinten im Rückenmark abgespeichert ist und seit Tausenden von Jahren reproduziert wird. Die Sorgen rund um ein erstes Date gehören natürlich zu den absoluten Sorgenklassikern. Um wenig macht man sich mehr Sorgen als um diesen Termin. Der Herzschlag wird intensiver, die allermeisten Gedanken trudeln wie Murmeln in einen Trichter und landen beim verabredeten Datum.

Plötzlich erwischt man sich dabei, wie man Bewegungsabläufe, Begrüßungen und Blicke einstudiert. Die Wohnung wird prophylaktisch ein bisschen auf Vordermann gebracht, die lose Schüttung aus Dosen, Snickersverpackungen und zerknülltem Papier, die den Fußraum des Autos ausfüllt, wird zum Recyclinghof gefahren. Schnell noch zum Sport, wie sieht die Haut aus? Was ist mit der Frisur? Vorteilhafte Geschichten und Anekdoten werden in der Hirnschublade ganz nach oben gelegt, damit man sie schnell rausholen und en passant erzählen kann. Sogar die Ernährung wird auf das Datum ausgerichtet: Bloß nichts Blähendes! Rosenkohl ein Tag vor dem Date? Eine ganz schlechte Idee!

Fingernägel werden geschnitten, dieses eine störende Haar an der Wange beseitigt, die gute Gesichtscreme rausgeholt. Die Augenbrauen werden trainiert, damit die Mimik auf jede Situation eingestellt ist. Und immer wieder wird der fragende Blick in den Spiegel geworfen: Wo besteht noch Verbesserungspotenzial?

Ein Date geht man an wie ein Hochleistungssportler, der sich für das Olympiafinale vorbereitet, das in vier Jahren stattfindet. Alles soll perfekt sein. Nichts wird dem Zufall überlassen!

Auch der Ort für das Date. Wo essen? Vor allen Dingen: Was essen? Die perfekte Strategie aus Nonchalance und Erfahrung soll zum Tragen kommen und kein Gefühlsragout aus Unsicherheit und Dingen, die man eigentlich nicht mag.

Salat ist natürlich gut, um Eindruck zu schinden, man kann sich hervorragend als bewusst lebender Mensch etablieren. Jemand, der Salat isst, bewegt sich viel, achtet auf CO_2-Bilanzen und wischt bestimmt auch hinterm Herd. Aber in Wirklichkeit ist es eher unpraktisch, Salat zu essen. Die Blätter sind störrisch, sie können das Dressing katapultartig unkontrolliert im Raum und auf der Kleidung verteilen. Außerdem mümmelt man wie ein Kaninchen und der Salat ist in fast jedem Restaurant so frisch und knackig, dass man nicht versteht, was das Gegenüber sagt. Plötzlich antwortet man aus Versehen: „Ja, ja, voll gern, na klar", wenn das Gegenüber fragt, ob man gern bei Möbel Höffner einkauft oder ob man schon mal jemanden getötet hat.

Suppe ist ähnlich schlecht. Suppen haben einen zu hohen Kleckerfaktor und man gibt Schlürfgeräusche von sich, die einen wie einen Steinzeitmenschen erscheinen lassen.

Wenn man nicht nudelsicher ist, ist auch von Pasta abzuraten. Spaghetti in Tomatensauce ist nur was für echte Profis. Die meisten anderen drehen sich viel zu große Nudelnester auf den Löffel und fressen, als hätten sie die letzten sechs Wochen in einem Erdloch verschüttet verbracht. Menschen, die Spaghetti einsaugen, unterschätzen oft die Einziehgeschwindigkeit. Dann wird die Nudel zum gefährlichen Schleuderlasso für Pastasoße.

Lasagne ist ebenfalls keine besonders gute Idee – zu häufig gibt es unangenehme Geräusche, wenn der 800°C-heiße Käse am Gaumen festklebt, das Gaumenfleisch verbrennt und sich von innen in den Schädel frisst. Riecht dann auch nicht sonderlich gut.

Griechisch essen gehen, kann man machen, aber so eine Grillplatte Herakles (vier Kilo Fleisch, dazu acht Pfund Pommes und einige Liter Tzazikimasse) bringen einen schon nach 30 Minuten ins Fresskoma und man fühlt sich wie ein Gleiskettenfahrzeug im Nebel.

Wenn man Glück hat, wird einem die Entscheidung mit einer kleinen Nachricht, die im Handydisplay aufploppt, abgenommen. „Magst du Asiatisch? Ich kenne einen prima Vietnamesen, da können wir doch hingehen." Asiatisch ist eigentlich immer gut, vor allen Dingen, wenn man stäbchensicher ist. Und schon erwischt man sich dabei, wie man sich eine rosige Zukunft ausmalt, die mit dem Stochern im Reis beginnt und vielleicht mit Kniffelabenden auf dem Sofa endet.

Dann ist der Tag da. Das Date. Was das bedeutet, wissen wir doch alle: Alles, was schiefgehen kann, geht schief. Das ist schon in der Bedeutung des Akronyms „Date" verankert.

Desaströses – **A**ntinormales – **T**rotteliges – **E**rlebnis.

Die Stresshormonproduktion läuft seit Tagen auf Hochtouren. Folgen sind ein vollkommen überspannter Körper, bereit, um anzugreifen oder zu flüchten. Adrenalin wird literweise in die Blutbahn gepumpt, der Körper reagiert mit übermäßig viel Talgherstellung. Weswegen einem ein gigantischer Pickel auf der Stirn heranwächst. Ein Ungetüm, so groß wie ein Spiegelei. Das Zielwaschen der Klamotten ist natürlich auch schiefgegangen. Deshalb liegt für den Tag eben nicht die Lieblingsklamotte bereit, die auf einen die Wirkung einer Ritterrüstung hat, sondern das Kompromissoberteil und die Hose, die ein bisschen zu klein ist. Also sieht man aus wie ein Frosch, der in zu enge Hosen gestopft wurde. Das Selbstbewusstsein ist im Keller, man macht die Lieblingsmusik lauter, versucht, sich zu pushen, und bleibt in einem vollkommen überdrehten Moment mit dem kleinen Zeh am Türrahmen hängen. Die Eigenwahrnehmung gleicht der eines schielenden Homunkulus, der stöhnend ein Bein nachzieht.

Unter Schmerzen geht es zum Vietnamesen, wo die Verabredung wartet und wo nachher vielleicht versucht wird, sich eine gemeinsame Zukunft auszumalen. Das Gegenüber strahlt. Und man selbst hätte gern diese Milchglaswand, die man aus dem Fernsehen kennt, wenn Zeugen, die nicht erkannt werden wollen, eine Aussage machen. (Stimme nachgeprochen.) Aber man fängt sich schnell und bestellt reflexhaft das Gericht, dessen Namen man nicht aussprechen kann, das aber auf der Karte mit drei Chilischoten gekennzeichnet ist. Nummer 43. „Oh, das könnte scharf sein", sagt das Gegenüber wohlwollend.

Zum Glück liegen in der Hirnschublade die vorteilhaften Geschichten und Anekdoten ganz oben. „Ja-ha. Keine Sorge, damals, als ich ein halbes Jahr mit dem Rucksack durch Vietnam gereist bin und Elefanten gerettet habe, habe ich blablablabla ... Streetfood, blablabla, mit Haien getaucht, blablabla ... Schule gebaut, blablablabla ... da war das Essen scharf, blablabla ... aber hier doch nicht blablabla ..." Währenddessen wird die Flasche mit der roten Flüssigkeit, die auf dem Tisch steht, komplett über Gericht 43 entleert, um noch ein bisschen mehr zu beeindrucken. So wird aus der 43 das Gericht 666. Mit der Schärfe, die hier produziert wird, wird sicherlich auch die Hölle betrieben. So verwandelt man sich in einen Feuer speienden Drachen. Ein Schweißtropfen läuft die Lende hinab und verdampft zischend in der Unterhose, der Pickel auf der Stirn pulsiert wie ein blubberndes Spiegelei. Die Schmerzen lassen einen schielen, Bäche schwitzen und furchtbar stottern. Mit dem ersten Bissen kleckert man einen Fleck auf das Oberteil vom Gegenüber.

Bisher läuft das Date ja ganz gut.

Leider wurde aber nicht nur die Schärfe, sondern auch der Bambus unterschätzt. Selbstverständlich bleibt eine Faser davon zwischen zwei Backenzähnen hängen und bei den Versuchen, die Faser unauffällig mit der Zunge herauszusaugen, sieht man aus, als hätte man einen spontanen Schlaganfall erlitten. Dazu das Spiegelei auf der Stirn und der Schweiß, die Schmatz- und Zischgeräusche mit der Zunge, die wie eine defekte Baggerschaufelhydraulik klingen, es ist ein Desaster.

Das Date wird zu einer gefühlten Zeitruine.

Nach dem Essen schlendert man dann noch ein bisschen durch die Gegend und versucht, eine vernünftige Schrittsynchronität hinzubekommen. Schwierig, wenn man ein Bein nachzieht und sich mit der Beweglichkeit eines Heckraddampfers durch die Gegend manövrieren muss.

Was allerdings noch gefährlicher ist als fiese Pickel, ein misslungenes Zielwaschen, ein verstauchter kleiner Zeh, die falsche Essenswahl, sind diese ...

... unangenehmen ...

... Gesprächspausen, ...

... in denen man sich fragt, ob man gerade zu viel von sich verraten hat oder zu wenig. Man weiß nie, ob man das Gegenüber langweilt oder überfordert. Die meisten Menschen wählen zwischen zwei Möglichkeiten: Sie ziehen sich komplett in sich zurück oder sie fangen an zu plappern.

Diese unangenehmen Gesprächspausen sind ein sehr fruchtbarer Boden für Sorgen. Was da für Gedanken entstehen können, ist unfassbar. Damit das alles nicht noch schlimmer wird, weil man panisch entweder gar nichts oder irgendeinen gefährlichen Quatsch erzählt, kommt hier eine unvollständige Liste mit den ultimativen nicht sagbaren Sätzen. Zehn Gesprächspausenfüller, die man auf keinen Fall während eines Essensdates benutzen sollte. Und auf keinen Fall danach.

1. So ein Gurkenrülps ist echt 'ne super Sache. Hat man lange was von und schmeckt unerwartet frisch.
2. Ich habe Deutschlands größte HDMI-Kabelsammlung.
3. Ich hab hier hinten im Zahn eine Fleischfaser und komme da mit der Zunge leider nicht ran. Kannst du mal eben gucken, ob du da mit deiner Zunge rankommst?
4. Frauen gehören an den Herd!
5. Fauchschaben sind sehr interessante Tiere, ich habe 20 davon in meinem Wohnzimmer stehen.
6. Haha. Stimmt natürlich nicht. Sind bestimmt 200. Und sie stehen in meinem Schlafzimmer.
7. Oh, guck mal, ich kann mit meinem Handy deine Nachrichten lesen.
8. Ich habe eine seltene Krankheit: Karusellitis. Ich muss alles sprechen wie ein Karussell-Ansager. Alles mit Hall-all-all-all. Uuuuuuund da kommt der Kellner-ner-ner-ner. Eeeeer kommmmmt an uuuuunseren Tisch-isch-isch-isch.
   Ich nehm eine Fanta-anta-anta-anta. Willst du auch eine Fanta-anta-anta-anta? Oder lieber ein Bier-ier-ier-ier? Warum guckst du denn so entsetzt-etzt-etzt-etzt?
9. Meine Mutter hat mich gestillt, bis ich 30 war. Und es hat mir sehr gutgetan.
10. Ich bin ja kein Nazi, aber …

MÜCKEN

„OCH, MÜCKEN FINDE ich echt ganz niedlich", hat noch niemand jemals gesagt. Jedenfalls niemand, den ich kenne, und ich kenne eine Menge Menschen.

Alle, wirklich alle, finden Mücken doof. Diese miese Frequenz, mit der sie surren, dieser ätzende Rüssel, den sie einem in die Haut stecken, um Blut abzuzapfen, die Krankheiten, die sie übertragen können. Ganz zu schweigen von dieser unfassbaren Nervigkeit, mit der sie immer genau dann am Ohr vorbeifliegen, wenn man gerade einschlafen will.

Immer. Genau. Dann.

ssssssssssssssssssssssssssssssssssssssssssssssssssssssssssSSS

Wildes Klatschen. Fuchteln. Hektik. Mordgelüste. Die Trefferwahrscheinlichkeit ist so gering, dass man sie nicht mal in Zahlen ausdrücken kann.

Selbstverständlich sind da am nächsten Morgen zahllose Mückenstiche an den unmöglichsten Stellen. Dann humpelt man schlecht gelaunt und sich am Knöchel kratzend ins Bad. So geht ein schlechter Start in den Tag.

Aber was wäre, wenn wir die Mücken bislang völlig falsch verstanden haben? Vielleicht wollen Mücken einfach nur lieb sein. Was, wenn Mücken zum Ohr fliegen, um in Mückensprache zu sagen: „Wow! Das war knapp. Zum Glück hat mich die fette Spinne nicht erwischt!"

Oder: „Du, ich find dich voll dufte und hab dich lieb."

Oder: „Hörst du das auch? Draußen regnet's, ist es nicht wunderschön, dass wir hier zusammen in deinem kuscheligen Schlafzimmer sein können?"

Sie machen das natürlich in einer Frequenz, die für den Menschen wie ein unangenehmes Surren klingt.

Vielleicht sind Mückenstiche ja auch gar keine Mückenstiche, sondern Mückenknutschflecke. Sie suchen sich eine schöne Stelle und schmatzen die ab. Leider rammen sie dabei ihren Rüssel in die Haut.

Was, wenn – na gut, lassen wir den Mückenquatsch. Jetzt mal ernsthaft:

Mücken sind ätzend. Surren, Stechen, Jucken.

Nerviges Spinnenfutter, mehr nicht.

Oder?

WENN DAS
LEBEN EIN JAHRMARKT
VOLLER MÖGLICHKEITEN
IST, BIN ICH DER
SALZGURKENMANN.

Sorge No. 8423697

DIE LETZTE SORGE

„ICH HABE KEINE Angst vor dem Tod." Dieser Gedanke wird oft ausgesprochen von Stuntmen, von abgewrackten Mittvierzigern, die in einer Kneipe vor dem achten Bier hocken, und von Sofahelden, die gern Actionfilme gucken. Ich glaube ihnen. Denn auch ich habe keine Angst vor dem Tod. Überhaupt nicht – denn dann bin ich ja tot. Dann ist mir egal, was mit mir ist.

Aber ich habe ziemlichen Bammel vor dem Sterben. Darüber mache ich mir nicht selten sehr sorgenvolle Gedanken. Es muss furchtbar sein, wenn einem bewusst wird, dass man demnächst tot ist – und nicht mehr zurückkann. Der Tod ist ja ein Zustand, der bei allen Körpern gleich ist. Alle Lebensmaßnahmen sind abgeschaltet. Der Körper ist schlaff, man macht sich nicht absichtlich schwer, man ist es einfach, kein Muskel ist mehr gespannt. Die Flüssigkeiten sacken nach unten, treten aus, machen hässliche Flecken. Das Herz hört auf zu schlagen. Die Lippen sind blau, die Haut ist blass, das Fleisch starr, bevor es irgendwann wieder matschig wird. Fliegen, Würmer, Maden, so was.

Der Tod macht alle Menschen kalt und gleich.

Es heißt ja: „Es war ein schöner Tod."

Oder: „Sie ist einen Heldentod gestorben."

Oder: „Der Tod war gnädig mit ihm."

Ja, schön. Aber was war davor los?

Ausgerutscht und von der Leiter gefallen? Genickbruch, zack, weg?

Neunzehn Monate lang gelitten, eine Chemo nach der anderen, körperlich zerfallen, war das Ende ein einziges Ausbleichen? Haben wuchernde Zellen einem den Rest vom Leben weggefressen? Wollte man sich noch von Menschen verabschieden, konnte es aber nicht mehr? Oder wollte man noch mal ein Spaghettieis in der Sonne essen und hat es nicht mehr geschafft? Wie ätzend muss es sein, wenn man beim

Sterben denkt: „Ach Mensch, das wollte ich doch eigentlich noch mal" – und dann ist man tot. Und irgendwie nicht fertig geworden mit Leben.

War man auf einer kurvenreichen Landstraße unterwegs, ist von der Sonne geblendet worden, hat das Lenkrad verzogen und ist an der Rinde einer zweihundert Jahre alten Eiche zerplatzt?

Ist man beim Pommes-Mayo-Bestellen auf einem Pommes-frites, den ein Kind hat fallen lassen, ausgerutscht und ist mit der Schläfe ungünstig auf die Fliesen im Imbiss geknallt, hat danach 14 Wochen im Koma gelegen, noch zwei Jahre unter unschönen Umständen weitergelebt, gehustet und ist dann an der eigenen Zunge erstickt?

Hat man im Flugzeug gesessen und ist mit 300 anderen Menschen an einem Felsen zerschellt?

Oder sich einmal beherzt an die Brust gefasst, gedacht, dass irgendwas nicht stimmt, Schweißperlen auf der Stirn stehend nach Luft gejapst, die Augen verdreht, zusammengesackt, noch versucht, irgendwas zu greifen, was einen im Leben hält, daran vorbeigegriffen und ist immer weniger geworden?

Hat man einsam und vollkommen verzweifelt den Abzug des Revolvers gedrückt? Die Spritze in die Vene gerammt? Einen Film mit Til Schweiger gesehen und bis zum Hirnschlag gelacht?

Und in jedem Moment davor ganz genau mitbekommen, dass es jetzt so weit ist?

Zu spät, den Lenker herumzureißen. Zu spät, sich festzuhalten. Zu spät, einen Schritt zu machen. Zu spät, weiterzuleben. Oder weiterleben zu wollen.

Dieses Bewusstsein genau in dem Moment davor und das Während. Das Sterben als Tätigkeit. Das Loslassen, das Wegtreiben. Das Wissen, dass alle anderen bleiben und man selbst jetzt geht. Wenn im Kopf der Gedanke „So, das war es jetzt" explodiert und alle Erinnerungen an das Leben und

Wirken weggerissen werden. Das Sterben eben, der Schmerz bis zur Leichtigkeit. Danach ist ja alles egal.

Ich hoffe jedenfalls, dass ich schön gemütlich liege, wenn ich tot bin.

Und meine letzte Sorge wird voraussichtlich sein: Wenn ich kurz vor dem Sterben den letzten Film vor meinem inneren Auge ablaufen sehe – hoffentlich finde ich ihn nicht langweilig, weil ich das Ende schon kenne.

PS: Wenn ich ehrlich bin, macht mir am allermeisten die Til-Schweiger-Variante Angst. Die ist allerdings auch am unwahrscheinlichsten. Aber man weiß ja nie.

DEINE SORGE

ICH VERABSCHIEDE MICH und hoffe, dass meine kleinen Sorgen und Gedankenspiele ein bisschen dabei geholfen haben, einen neuen Blick auf die eigenen Sorgen zu bekommen. Oder wenigstens mal ganz kurz nicht mehr an die eigenen Sorgen gedacht zu haben.

Vielleicht haben meine Gedanken ja sogar dabei geholfen, eigene lustige Sorgen zu denken.

Zum Beispiel diese hier:

Was wäre, wenn _ _ _ _ _ _ _ _ _ _ _ nur halb so _ _ _ _ _ _ _ _ _ wären?

NACHWORT

SORGEN SIND EIN elementarer Bestandteil der Evolution. Die Höhlenmenschen hatten, als sie das erste Feuer entfacht hatten, Sorge, dass es schnell wieder ausgehen könnte. Deshalb haben sie irgendwann vorgesorgt – und sich mit trockenem Holz eingedeckt.

Heute hat man diese Sorge natürlich nicht mehr, weil es Feuerzeuge und Fußbodenheizungen gibt. Die Sorge ist eher: „Kann meine Bude abbrennen? Was, wenn ein Heizungsrohr platzt?" Aber dafür gibt es ja Versicherungsunternehmen.

In der Philosophie, in der Geschichte, in der Kultur, tatsächlich in der ganzen Menschheitsgeschichte spielen Sorgen eine große Rolle. Sorgen sollten allerdings nicht überhandnehmen.

Ich bin niemand, der einen Rat geben kann, ich habe weder die erlernten Fähigkeiten noch die Legitimation. Ich bin nur eine kleine Fantasiefigur in einem kleinen Buch aus Papier. Trotzdem dieser kleine Hinweis: Wenn die Sorgen dich über längere Phasen kontrollieren und nicht mehr umgekehrt, wenn die Sorgen dein Leben bestimmen, wenn du dir nur noch Sorgen über alles Mögliche machst und nur noch das Negative siehst, solltest du dir Hilfe holen. Sprich, wenn es irgendwie möglich ist, mit Freunden oder der Familie, frage nach einer Therapiemöglichkeit. Oder versuche zuzulassen, dass man sich professionell um dich kümmert.

Damit du irgendwann sagen kannst:

Wird schon.

Hier sind die beiden Nummern der Telefonseelsorge, vielleicht kannst du sie ja mal gebrauchen: 0800 111 0 111 und 0800 111 0 222.

EINE SACHE NOCH.

DIE KLEINEN SORGEN in diesem Buch helfen wirklich.

Vielleicht helfen sie beim Einschlafen.

Vielleicht freust du dich über eine andere Sichtweise und bist einen kleinen Moment glücklich.

Vielleicht haben dich meine Gedanken einfach ein bisschen von deinen eigenen Sorgen abgelenkt.

Wäre schön, denn dafür habe ich es ja geschrieben.

Tatsächlich soll dieses Buch einen kleinen gesellschaftlichen Beitrag leisten und die Sorgen anderer ein wenig mindern. Deswegen haben der Lappan Verlag und ich zusammen entschieden, dass ein Teil des Erlöses an *Sea-Eye e.V.* geht. Der Verein setzt sich dafür ein, dass Menschen, die auf der Flucht sind, nicht im Mittelmeer ertrinken. Diesen Menschen müssen wir helfen. Mehr findest du hier: sea-eye.org

DER AUTOR

Sorgenboy ist 2007 in Hamburg entstanden. Angefangen hat alles als klassisches Street-Art-Projekt. Papier, Kleister und Wände. 2010 wurde er von der Digitalisierungswelle erfasst und schwappte ins Internet. Er hat sich dort zu einer Art Social-Media-Aktivist entwickelt, aber auch physisch Vorträge über Sorgen gehalten und in Unternehmen über Sorgen geredet.

Der Sorgenboy ist eine ausgedachte, fast schon optimistische Kunstfigur und hat kein Privatleben. Ein Satz, den er oft zu hören bekommt, ist: „Früher warst du auch mal lustiger." Tja.

Wenn er nicht im Internet das aktuelle Zeitgeschehen kommentiert oder Quatsch schreibt, lehnt er gern schmollend an Wänden. Er mag Herbst, Reiher beobachten, Klappräder, Katzen und Jazz. Und er fängt gerade erst an.

www.sorgenboy.com

DER CARTOONIST

Til Mette (* 28. Okt. 1956 in Bielefeld) studierte Geschichte und Kunst von 1980 bis 1985 in Bremen. 1985 Mitbegründer der *TAZ* Bremen. Ab 1992 lebte er mit seiner Frau für 15 Jahre in New York City und Montclair (New Jersey), seit 2006 mit Frau und Töchtern in Hamburg.

Seit 1995 arbeitet er exklusiv für das Magazin *stern*, in dem seit über 25 Jahren wöchentlich seine Cartoons erscheinen.

Til Mette gewann zahlreiche Preise: 2003 den *Deutschen Karikaturenpreis* in Bronze, 2009 den *Deutschen Karikaturenpreis* in Gold, 2015 den *Deutschen Preis für Politische Karikatur*, 2013 den ersten und 2020 den dritten Platz beim *Deutschen Cartoonpreis*.

www.tilmette.com

Wir produzieren
nachhaltig

- Klimaneutrales Produkt
- Papiere aus nachhaltigen
  und kontrollierten Quellen
- Hergestellt in Europa

MIX
Papier aus verantwor-
tungsvollen Quellen
FSC® C002795

2. Auflage 2022

- Originalausgabe -

© 2022 Lappan Verlag in der Carlsen Verlag GmbH,
Oldenburg/Hamburg

ISBN 978-3-8303-3634-1

Cartoons: Til Mette
Lektorat: Ariane Ossowski
Layout und Herstellung: Monika Swirski
Covergestaltung: Ulrike Boekhoff

Folgt uns! facebook.com/lappanverlag
Instagram.com/lappanverlag
www.lappan.de